Zora Gienger

Engelseelen

Wegbereiter und Toröffner

Smaragd Verlag

Haftung

Die Informationen dieses Buches sind nach bestem Wissen und Gewissen dargestellt. Sie ersetzen nicht die Betreuung durch einen Arzt, Heilpraktiker oder Psychotherapeuten, wenn Verdacht auf eine ernsthafte Gesundheitsstörung besteht. Weder Autorin noch Verlag übernehmen eine Haftung für Schäden irgendwelcher Art, die direkt oder indirekt aus der Anwendung des Inhalts dieses Buches entstehen könnten.

Nachdruck 2024 der Neuauflage von 2022
Veröffentlicht im Smaragd Verlag, Alle, JU/CH
eine Marke der Sentovision GmbH
www.smaragd-verlag.de

Vertrieb:
Synergia Auslieferung GmbH
Industriestr. 20
64380 Roßdorf
www.synergia-auslieferung.de

Alle Rechte vorbehalten
Copyright 2016 by Smaragd Verlag

Gesamtgestaltung/Herstellung: FontFront.com
Umschlaggestaltung unter Verwendung lizenzfreier Bilder

Printed in EU
ISBN 978-3-95531-143-8

Bibliografische Information der Deutschen Bibliothek
Die Deutsche Bibliothek verzeichnet diese Publikation in der deutschen Nationalbibliographie; detaillierte bibliografische Daten sind im Internet unter http://dnb.ddb.de abrufbar.

Inhalt

- Einführung 7
- Was dich in diesem Buch erwartet 9
- Meine eigenen Erfahrungen 11
- Entstehung von Seelen 15
- Vom Ursprung aller Seelen 20
- Wer sind Engelseelen? 26
- Was eine Engelseele ausmacht 31
- Die Inkarnationsmöglichkeiten von Engelseelen auf der Erde 36
- Unterwegs in Parallelwelten 38
- Engelseelen auf der Erde 39
- Engelseelen – Geheimagenten der dienenden Liebe 41
- Engelseelen – Die stillen Boten des Mitgefühls 44
- Engelseelen – Die Wegbereiter und Toröffner für andere Menschen 46
- Engelseelen für die heutige Zeit 48
- Bist du eine Engelseele? 53
- Besonderheiten der Engelseelen 64
- Engelseelen und das irdische Leben 72
- Engelseelen in Resonanz mit allem 76
- Weitere Merkmale der Engelseelen 79
- Engelseelen und ihre Aufgaben 84
- Engelseelen als Boten und Diplomaten 85
- Engelseelen als Begleiter und Tröster 86
- Engelseelen als Transformateure und Heiler 88
- Engelseelen als Toröffner und Weichensteller 90
- Engelseelen als Beschützer und Helfer 91
- Engelseelen als Segnende und Lobpreisende 93
- Wenn Engelseelen den Alltag schwierig finden 94

- Engelseelen im Einsatzbereich von Heim und Familie ...101
- Engelseelen im spirituellen Stress ...106
- Die große Langeweile ...110
- Wenn Engelseelen die Sinnlosigkeit plagt ...114
- Was Engelseelen als Mensch guttut ...117
- Engelseelen zwischen Schuldgefühlen und Kränkungen ...130
- Geburt und Tod von Engelseelen ...140
- Vernetzung mit anderen Seelen ...144
- Das himmlische Seelentreffen ...148
- Engelseelen zwischen den Inkarnationen ...150
- Erinnerungen an andere Inkarnationen ...152
- Die Bedeutung von wichtigen, wiederkehrenden Erinnerungen ...158
- Transformieren und Erlösen belastender Erinnerungen aus verschiedenen Inkarnationen ...161
- Die Kindheit einer Engelseele ...165
- Engelseele und Partnerschaft ...168
- Irdisches Karma erlösen ...172
- Engelseelen und ihre Krankheiten ...175
- Vernetzung und Einheit im geträumten, göttlichen Bewusstsein ...178
- Die Rückkehr ins Herz Gottes ...182
- Liebesheilung für Engelseelen und andere Seelen auf Erden ...184
- Seelenbotschaften der Liebe ...189
- Nachwort ...226
- Besondere Adressen ...227
- Über die Autorin ...228

Einführung

Liebe Leserin, lieber Leser,

fühlst du dich manchmal fremd auf dieser Welt? Hast du das Gefühl, das Mensch-Sein nicht zu verstehen und anders zu denken, zu fühlen und zu sein als andere Menschen? Denkst du manchmal, dass mit dir etwas nicht stimmt, weil du das Leben, die Welt und deine Mitmenschen anders wahrnimmst und andere Prioritäten setzt als alle anderen? Könntest du ständig dein letztes Hemd verschenken? Fühlst du eine tiefe Freude in dir, wenn du anderen Menschen auf die Sprünge helfen, ihnen Trost und Beistand vermitteln und dazu beitragen kannst, dass sie vorankommen im Leben? Ist es für dich normal, alles mit anderen zu teilen, ohne etwas dafür zu erwarten? Fühlst du dich manchmal getrieben von der Ahnung, dass deine Lebensaufgabe eine besondere ist, die ein neues Miteinander der Menschen verlangt? Langweilst du dich bei fast allen menschlichen Vergnügungen? Kommt es dir sinnlos vor, dich nur um dich selbst zu kümmern, dich selbst zu verwirklichen und deinen eigenen Willen durchzusetzen? Macht es dir Freude, Mitgefühl, Menschlichkeit, Trost, Beistand, Harmonie und Liebe in die Welt zu bringen? Bist du hochsensibel, medial und immer mit der Geistigen Welt verbunden, um die du dich nicht bemühen musst, weil sie immer präsent ist?

Dann ist es gut möglich, dass du ein Engel in Menschengestalt bist, eine Seele, deren Aufgabe darin besteht, wie ein Engel auf Erden zu leben und zu wirken. Ich nenne solche Seelen *Engelseelen*.

Von Herzen grüße ich dich und freue mich, dass du mich auf diesen Seiten begleitest, um alles über Engelseelen zu erfahren. Fühle dich mit viel Liebe eingeladen, an neuem spirituellen Wissen teilzuhaben und dir deine eigenen Gedanken darüber zu machen. Spüre mit Leib und Seele in meine Worte hinein und fühle dich geliebt so, wie du bist.

Was auch immer du liest, nimm es tief in dein Herz und deine Seele und prüfe dort, ob die Informationen dich berühren und dir die Möglichkeit schenken, deine Seele mit Liebe, Wohlwollen, Respekt und Zärtlichkeit zu verwöhnen. Denn Seelenfreude voller Frieden und Harmonie ist mein Herzenswunsch für alle meine Leserinnen und Leser.

Spirituelle Botschaften wollen mit dem Herzen aufgenommen und verinnerlicht werden. Sie lassen sich nie unter objektiven und wissenschaftlichen Bedingungen „beweisen". Deshalb stellen sie auch keine absolute Wahrheit dar, die für jeden Menschen gleichermaßen gültig sein muss. Spirituelle Botschaften sind Herzenswahrheiten der Weisheit und der Bewusstheit im täglichen Dasein des Lebens. Sie sind Manifeste der Liebe, um das eigene Dasein – also sich selbst und sein Leben, mit all seinen angenehmen und weniger angenehmen Seiten – liebevoll und mitfühlend annehmen zu können.

Das ist also mein tiefster Wunsch für dich: Dass du dir selbst mit Liebe begegnest, dich als Mensch so annimmst, wie du bist, mit all deinen Stärken und Schwächen, und dass du mit Freude alle deine Lebensaufgaben in Angriff nimmst und dich wohlfühlst im irdischen Leben.

Du bist kostbar und einzigartig als Mensch. Deine Seele ist kostbar und einzigartig. Du bist ein Geschenk Gottes an diese Welt. Ich bin bei dir.

In tiefer Liebe, deine Zora

Was dich in diesem Buch erwartet

Öffne dein Herz und deine Seele, um neue Ideen und Gedanken der Liebe und der individuellen Bewusstwerdung in dir aufzunehmen. Lass dich berühren von den Ausführungen, die deiner intuitiven Wahrheit entsprechen. Alles andere lass getrost los. Es wird einen anderen Menschen inspirieren.

In diesem Buch erwarten dich viele neuartige Informationen, die du vielleicht noch nie gehört hast und/oder die eventuell als Ahnung schon lange in dir schlummern. Alles Wissen, alle Weisheit ist fließend und einzigartig. Deshalb bitte ich dich, deine Einzigartigkeit immer bewusst wahrzunehmen und es deiner Seele zu überlassen, dich und die hier enthaltenen Informationen einer Prüfung zu unterziehen. Denn dein menschlicher Verstand wird eine Prüfung vornehmen. Das geschieht automatisch und ermöglicht es dir, dich, das Dasein an sich und alles Wahrnehmbare einzuordnen.

Ich möchte dich ermutigen, immer wieder aufs Neue deine eigene Ordnung und Einordnung zu finden.

Nur du allein entscheidest, was dir guttut, dir weiterhilft, dich tröstet, dir Heilimpulse schenkt und deiner tiefsten Überzeugung und Wahrheit entspricht. Lies deshalb mit dem Herzen und kämpfe nicht dagegen an, wenn dein Verstand dir ebenso beim Lesen behilflich ist.

Noch mehr freue ich mich, wenn dich diese Zeilen, zumindest teilweise, tief berühren und du in ihnen Erfüllung findest. So findet Bewegung in dir statt, und zwar auf eine wunderbare Art und Weise. Das ist ein Grund zur Freude!!!

Genieße es, bewegt und berührt zu werden!

Dieses Buch möchte dir aber vor allem mitteilen: Du selbst bist stets der Meister/die Meisterin deines Lebens. Niemand kann dir diese Macht nehmen. Gib sie auch nicht freiwillig ab, indem du die Verantwortung für deine Entscheidungen anderen überlässt.

Wer du als Mensch bist, entscheidest ganz alleine du!

Du bist ein einzigartiges, kostbares Individuum mit einer eigenen Meinung, eigenen Empfindungen, einer eigenen geistigen Haltung, mit eigenen Erwartungen, einer eigenen Bestimmung im Leben und mit einzigartigen Stärken, Gaben und Talenten, aber auch mit zahlreichen Schwächen, die dich veranlassen, Fehler zu machen und nicht perfekt zu sein.

Also lies mit dem Herzen und lass dich einladen, dein Leben zu genießen und dich zu freuen, dass es dich gibt – so, wie du bist!

Auch wenn dich hier viel Neues erwartet, das vielleicht erst allmählich in dir zur Entfaltung kommen möchte, so fühle dich stets geliebt als Seele – also auf der Seelenebene – und als Mensch, mit all deiner einzigartigen Individualität.

Meine eigenen Erfahrungen

Dass ich mich als Seele zu erkennen gebe, die engelgleiche Aufgaben zu meistern hat, ist wohl an dieser Stelle nicht ganz ungewöhnlich. Ich hätte dieses Buch sonst nicht so schreiben können. Seit meiner Kindheit fühle ich mich „anders" als andere Menschen. Und nicht nur anders, sondern extrem anders. Ich bin ein bodenständiger Mensch, der anpacken kann, pragmatisch arbeitet und dennoch stets mit der Geistigen Welt verbunden ist. Es ist mir möglich, in unglaublich kurzer Zeit viel zu bewegen und zu bewältigen. Da ist nicht nur das Schreiben von Büchern (mittlerweile über 60 Titel), sondern auch das Führen zweier Haushalte, das Betreuen von Patienten, die Hintergrundarbeit in der Arztpraxis meines Mannes, der Garten und die Kinderschar, die ich großgezogen habe. Und doch merke ich stets, dass bei mir vieles anders ist im Denken und Empfinden als bei vielen anderen Menschen.

Meine Kindheit war geprägt von dem Gefühl, nirgends hinzupassen und andere Kinder nicht zu verstehen beziehungsweise von ihnen nicht verstanden zu werden. Ich war nicht nur zart besaitet, sondern irgendwie nicht wie die anderen. Dennoch war ich komplett behütet und wusste mich geborgen in den Sphären der Geistigen Welt. Beinahe war es so, als ob mich die Geistige Welt gegen das Gefühl der Fremdheit abschirmen würde. Deshalb wuchs ich trotz allem sehr unbeschwert auf. Ich war ein braves und dennoch sehr kreatives Kind. Alles Irdische war und blieb mir allerdings fremd. Es war so eigenartig und seltsam für mich, dass ich nichts damit anfangen konnte. Lieber spielte ich mit Feen und Engeln, mit Zwergen und Lichtwesen, die immer irgendwie um mich herum waren. Alles war für mich beseelt, leuchtend und voller Bewusstsein. Ich kam gar nicht auf die Idee, dass andere Menschen das anders sahen und empfanden. Eigentlich lebte ich gar kein richtiges Menschenleben, sondern verbrachte die meiste Zeit im Garten und in den Ebenen der Geistigen Welt.

Als Kind war ich ständig krank. Schon nach meiner Geburt wurde ein lebensbedrohlicher Geburtsfehler bei mir gefunden, an dem ich eigentlich hätte sterben müssen. Mehrere Operationen hielten mich am Leben. Trotzdem kränkelte ich immer wieder. Bis heute zeigen sich an meinem Körper seltsame Erkrankungen, für die kein Arzt und keine Klinik eine Erklärung finden. Unerklärliche Visionen und innere Bilder sind ebenfalls in mir präsent. Es sind Erinnerungen aus anderen Daseinsebenen, die ich schon als Säugling hatte und an die ich mich heute noch gut erinnere. Doch damals wusste ich natürlich nicht, was mit mir geschah, meine Eltern sowieso nicht, die mich ständig schreiend erlebten.

Meine Kindheit und vor allem die Schulzeit glichen einem Spießrutenlauf. Ich war eine Außenseiterin und meinen Mitschülern nicht ganz geheuer. Mit meinen wallenden Kleidern, für die ich schon immer eine Vorliebe hatte, stieß ich bei allen Gleichaltrigen nur auf Spott und Ablehnung. Ich wurde in einer Zeit groß, in der es zur obligatorischen Jeanshose für Jugendliche keine Alternative gab. So fiel ich also schon durch mein Äußeres auf, wurde für skurril, dumm, realitätsfern und lebensunfähig gehalten. All das nahm ich wahr, aber es berührte mich nicht wirklich, auch wenn ich mir manchmal vorkam wie ein Alien, jemand, der so anders dachte und fühlte, dass es keine Worte dafür gab.

Schon im Kindergarten lehnte ich jegliche Wett- oder Rivalitätsspiele ab. Es war für mich unvorstellbar, dass ein Kind über das andere siegte. So etwas empfand ich als völlig abartig und weigerte mich, an solchen Spielen teilzunehmen. Ich wollte stattdessen Spiele spielen, bei denen alle zusammen halfen und alle miteinander etwas in Bewegung setzten oder etwas Gemeinsames erschufen. Natürlich konnte mich kein Mensch verstehen. Trotzdem setzte ich mich dafür ein, dass andere Spiele gespielt wurden. Vergebens. Es war mir wichtig, dass alle etwas von einer spielerischen Erfahrung hatten. Ungerechtigkeiten, Rivalität und das Ziel zu gewinnen empfand ich als fürchterlich. Stets spürte ich die Traurigkeit des Verlierers und konnte nicht begreifen, dass so etwas überhaupt Sinn macht.

Wettspiele, Siegerspiele gehören zum Mensch-Sein dazu. Den meisten Menschen macht das nichts aus. Sie lieben es, ihre Kräfte zu messen. Es ist für sie selbstverständlich. Für mich aber nicht. Und ist es auch heute nicht, weshalb mich selbst meine Familie für verschroben und skurril hält. Zum Beispiel ist für mich jegliches sportliche Kräftemessen völlig sinnlos. „Feinde" oder „Gegner" zu haben, und sei es nur im Spiel und Sport, liegt jenseits meines Denkens.

Was will die normale Menschheit nur mit so jemandem wie mir anfangen? Ich war als Kind sehr schüchtern, aber wenn ich das Gefühl hatte, mich für eine Sache einsetzen zu müssen, dann tat ich es mit all meiner Leidenschaft und erschreckte meine Mitmenschen dadurch erst recht.

Zeit meines Lebens war und bin ich hellfühlend, hellsehend und auch hellwissend. Das Hellwissende öffnete mir auch die Tür zu diesem Buch. Das komplette Wissen war auf einmal präsent, ohne dass es mir extra aus einer geistigen Ebene mitgeteilt worden wäre. Ich bin kein typisches Channel-Medium, weil bei mir immer alles präsent ist, einfach so. Deshalb ist es mir auch nicht möglich, die exakte Quelle meines Wissens zu benennen. Alles ist in mir präsent und in Resonanz. Die Geistige Welt ist für mich immer da. Die Tür ist immer offen, ganz leicht, damit ich in meinem Alltag nicht gestört werde und Zeit habe für meine Seelenaufgaben.

Ich freue mich und bin dankbar, dieses Wissen nun mit dir zu teilen. Im Laufe des Lebens habe ich Wege gefunden, mich mit den irdischen Gepflogenheiten zu arrangieren, das Leben zu lieben und zu genießen. Und ich habe in anderen Menschen Engelseelen erkannt. Ihnen zu begegnen und zu wissen, dass es sie gibt, bedeutet mir sehr viel. Man erkennt sich gegenseitig. Die Ausstrahlung und das besondere Leuchten in den Augen. Man weiß voneinander, egal, auf welche räumliche Distanz hin. Das ist ein großes Geschenk. Dennoch lebe ich überwiegend zurückgezogen, weil es für meine Lebensaufgabe erforderlich ist. Aber im Großen und Ganzen ist das in Ordnung für mich. Denn nach einer großen spirituellen Krise und nach Bewältigung mehrerer Krankheiten ist es mir wieder möglich, meinem Seelenauftrag konsequent zu folgen. Das macht mich glücklich.

Mein Auftrag in diesem Leben ist es, Bücher zu schreiben und Menschen mit Rat, Trost und Hilfe zur Seite zu stehen. Ich betreue auch Patienten und Klienten, gebe sanfte Heilmassagen und setze Heilimpulse durch Gespräche und mein Dasein. Aber das Schreiben von Büchern ist und bleibt meine Hauptaufgabe in diesem Leben. Über das Schreiben erreiche ich viele Menschen. Und deshalb werde ich nicht müde, weiterzuschreiben, ein Buch nach dem anderen, ein Leben lang.

Ich hoffe, dass dieses Buch in dir ebenfalls das Bewusstsein über dein Seelen-Dasein weckt und dich ermutigt, tapfer und unbeirrt deiner Seelenaufgabe zu folgen.

Entstehung von Seelen

Vielleicht hast du dich schon immer gefragt, wie Seelen entstehen und aus welchen Ebenen sie kommen.

Die einfachste Erklärung für die Entstehung der Seelen ist der Traum einer schöpferischen Energie. Diese nicht materielle Energie träumt alle Seelen und erschafft sie dadurch aus Liebe. Es geschieht aus purer Freude an der Liebe, zu träumen und zu erschaffen. Die göttlich erträumten Seelen suchen sich Erfahrungsfelder im grobstofflichen und feinstofflichen Bereich.

In diesem Buch ist von Engelseelen die Rede. Diese Seelen verkörpern sich auf der Erde und auf anderen Planten sowie in verschiedenen Bereichen des Daseins, um engelgleiche Aufgaben zu übernehmen. Sie entscheiden sich – wie jede Seele – freiwillig für diesen wundervollen Dienst und stammen wie jede individuelle Seele und jede Seelengemeinschaft aus der feinstofflichen Ebene.

Engelseelen sind Seelen, die jetzt auf der Erde in einem menschlichen Körper weilen und engelähnliche Eigenschaften auf die Erde mitbringen. Ihre Seele verkörpert also alles, was auch ein Engel verkörpert. Engelseelen inkarnieren sich nicht nur auf der Erde, sondern immer wieder auch in anderen Ebenen der Schöpfung.

Sie inkarnieren überall im Universum – abwechselnd dort, wo sie gebraucht werden. Es kann sein, dass sie viele Leben lang auf die Erde kommen, um dann zum Beispiel im Feenreich wirksam zu werden oder in anderen Daseinsebenen. Sie werden sozusagen „stationiert", was freiwillig geschieht, um einen oder mehrere Aufträge erfüllen zu können. Das heißt, dass sie sich selbst entschließen, auf die Erde zu kommen oder innerhalb einer anderen Daseinsform der Schöpfung zu inkarnieren.

Wer eine Engelseele ist, gehört einer Seelengruppe an, die engelähnlich ist und entsprechende Aufgaben eines Engels im Irdischen übernimmt. Diese Seelen „nur" als alte und weise Seelen zu bezeichnen, wird ihnen nicht gerecht. Denn da ist noch mehr, was eine Engelseele ausmacht. Es gibt Zeichen und Unterschiede, die sich nur bei Engelseelen finden lassen.

Wie alle Seelen sind auch Engelseelen auftragsorientiert in allen Bereichen des stofflichen Daseins unterwegs. Es gibt also einen Auftrag für jede Seele, der sich im Menschlichen als persönliche Lebensbestimmung zeigt. Der Seelenauftrag von Engelseelen ist an engelgleiche Aufgabenbereiche geknüpft.

Engelseelen sind also im gesamten Universum unterwegs. Sie wechseln die Inkarnationen einsatzbedingt und inkarnieren eben nicht nur auf der Erde. Mein Augenmerk hier liegt dennoch im Irdischen, also auf unserem Planeten Erde. Denn wenn du diese Zeilen liest, lebst du als Mensch auf dieser Erde. Du bist höchstwahrscheinlich eine Engelseele oder kennst eine innerhalb deines Wirkungskreises.

Solltest du dich beim Lesen als Engelseele wiedererkennen, so wird dir dieses Buch helfen, mit der menschlichen Wirklichkeit besser zurechtzukommen. Denn um deinen Auftrag erfolgreich erfüllen zu können, solltest du dich als Mensch wohlfühlen und gut verankert sein in der Wirklichkeit der menschlichen Realität hier auf der Erde.

Außerdem ist es jetzt besonders wichtig, dass du dir deiner heiligen Lebensaufgaben, die du als Engelseele auf die Erde mitbringst, bewusst wirst und das irdische Vergessen, das alle Menschen mehr oder weniger stark beeinträchtigt, erlöst.

Beim Lesen wird dir vieles bewusst werden, was bisher vielleicht nur als Ahnung in dir schlummerte. Du wirst jetzt neue Kraft erhalten, um ganz und gar deiner Lebensbestimmung folgen zu können und deinen Auftrag als Mensch gewordene Engelseele zu erfüllen.

Lass alles Wissen und Bewusstwerden langsam in dir wirken. Es wird sich in dir entfalten, auf die Weise, wie es für dich als Mensch gut und richtig ist.

In Liebe und Dankbarkeit wird es dir möglich sein, das Wissen über die Engelseelen zu verstehen und anzunehmen. Wenn es zu dir gehört, dann wird es dich tief berühren und deine Seele erfüllen. Denn du wirst – wieder – wissen, wer du bist und warum du hier bist.

Für viele Menschen ist die Ebene der Engel eine lichtvollere, göttlichere, höhere Ebene als die menschliche Ebene, denn sie denken – noch – in hierarchischen Mustern. Dass man selbst eventuell eine Engelseele ist, kann im ersten Augenblick verwirrend sein. Deshalb mache dir bewusst, dass du kein feinstofflicher Engel bist, sondern eine Seele, die engelähnliche Aufgaben zu erfüllen hat.

Bitte entspanne dich und öffne dich für all die wunderbaren Möglichkeiten, die diese herrliche Schöpfung bereithält und dir als liebevolle Weisheit ans Herz legt. Orientiere dich stets an der wundervollen Kraft der Liebe, die durch die ganze Schöpfung fließt und alles vereint, was vermeintlich getrennt erscheint.

Göttliche Liebe ist alles! Alles ist von dieser göttlichen Liebe erfüllt, aus ihr erschaffen und durch sie wirksam. Du bist genauso lichtvoll und göttlich wie jede andere Seele auch, aus welchem Schöpfungsbereich sie auch immer stammen mag und welche Aufgaben ihr als Mensch obliegen.

Jede Seele ist göttlich! Alle Schwingungsebenen der Schöpfung sind göttlich!

Sei dir dessen immer wieder bewusst, wenn du in gewohntes hierarchisches Denken fallen solltest.

Der Unterschied zwischen einer zurzeit als Mensch geborenen Engelseele und einem feinstofflichen Engel besteht einzig darin, dass ihr verschiedene Schwingungsfrequenzen aufweist und der Engel in der feinstofflichen Sphäre weilt, während du verdichtete Energie bist und dich im Grobstofflichen als Mensch offenbarst, mit einem individuellen Körper, einer individuellen Geschichte und ebenso individuellen, sehr subjektiven Gefühlen, Gedanken und Handlungen.

Engelseelen, die als Menschen inkarniert sind, sind keine besseren Seelen oder Menschen als andere. Als Erdenengel sind sie ihr ganzes Leben lang Lichtarbeiter.

Als Mensch unterliegst du dennoch weiterhin den menschlichen Gepflogenheiten. Und so bitte ich dich, stets tief in dich hineinzuspüren, um zu erkennen, mit welchen Informationen du in Resonanz gehst. Denn diese Informationen sind zu diesem Zeitpunkt genau die richtigen für dich. Alles andere soll dich nicht berühren. Es ist für dich nicht relevant.

Deshalb wirst du alles über Engelseelen erfahren und letztendlich wissen, ob auch du eine bist.

Wer auch immer du bist, du bist eine wunderbare Seele, entstanden aus reiner, göttlicher Liebe. Du bist wahr gewordenes Leuchten, durchdrungen von göttlicher Kreativität. Deine Essenz ist göttlicher Geist, ewiges göttliches Bewusstsein, das sich ausdrückt als Individuum, als Seelenessenz und individuelle Körperlichkeit. Deine Seele ist immer göttlich und Ausdruck reiner Liebe. Als Mensch bist du einzigartig. Du trägst alles Göttliche in dir, die wunderbarste Schwingung der Liebe. Du bist herrlich und himmlisch. Du bist individuell und kostbar. Deine Lebensaufgaben sind wichtig. Und genauso wie du bist, trägst du mit deinen individuellen Gaben und Talenten dazu bei, Licht und Liebe bewusst zu machen, zu erleben und zu erfahren und schöpferisch zum Wohl aller in die Welt zu tragen.

Vom Ursprung aller Seelen

Der Ursprung aller Seelen, allen Lebens, allen Seins und aller Existenz ist immer göttlich und entspringt der göttlichen Intention der Liebe. Die Ausdrucksformen dieser Liebe sind immens und unzählbar. Vor allem aber sind sie individuell erfahrbar. Deshalb ist nichts im Leben für immer festgeschrieben. Alles kennt seine eigene Zeit, findet seine eigenen Erklärungen und das tiefe Gespür, wenn etwas einer subjektiven Wahrheit entspringt, die der Seele Raum zur Entfaltung und zum Wohlbefinden schenkt.

Spüre hinein in die wunderbare Offenbarung:

Göttliche Liebe ist der Ursprung aller Seelen. Es gibt nichts anderes als göttliches Bewusstsein. Göttlicher Geist ist der Ursprung des gesamten Universums.

Erfasse diese liebenden Worte mit deinem Herzen. Lass sie in dir wirken.

Alle spirituellen Traditionen kennen diese Tatsache und machen sie zum Ausgangspunkt ihres Glaubens, ihrer Heilkraft und ihrer Lehren. Das, was der Mensch Gott nennt, ist reines Bewusstsein, das sich in einer liebenden Energieschwingung ausdrückt. Diese Liebesschwingung – Information in Bewegung – ist der Ursprung allen Seins.

Das menschliche Gehirn tut sich schwer, sich das vorzustellen, denn niemand hat je reines Bewusstsein anfassen können, es gesehen oder gehört. Göttliches Bewusstsein ist etwas Geistiges, eine Information, die nicht greif- oder fassbar ist.

Göttliches Bewusstsein – das der Mensch auch gerne Gott nennt – ist abstrakt, und niemand weiß, woher es kommt. War es schon immer da? Gibt es Gott als liebendes Bewusstsein, unabhängig von Zeit und Raum, von allen Ausdrucksmöglichkeiten in Form von Planeten, Gedanken, Geschöpfen, Lichtwesen, Engeln usw. schon immer? Was war davor?

Oder ist die Frage falsch, weil es ja kein Davor und Danach gibt?

Kein Mensch kann diese Fragen einzig durch Nachdenken beantworten. Viele Menschen stellen sich Gott noch ganz klassisch vor, als alten Mann mit Bart. Andere lehnen solch ein patriarchalisches Bild ab und ersetzen es durch ein matriarchalisches. Gott ist in ihren Augen eine Göttin. Wieder andere sehen in ihm ein Wesen mit männlichen und weiblichen Eigenschaften gleichermaßen, also Gott und Göttin vereint. Und für viele andere ist Gott ein Energieball, unsichtbar, gestaltenlos und eigenschaftenlos, höchstens vorstellbar als leuchtende Lichtkugel oder schwingende Wellen durch Raum und Zeit.

Halte kurz inne und spüre in dich hinein. Wie stellst du dir das göttliche Bewusstsein vor? Magst du den Ausdruck „Gott"? Oder hinterlässt dieser Ausdruck bei dir eher gemischte Gefühle, geprägt von den klassischen religiösen Vorstellungen der „alten Zeit"?

Spüre tief in dich hinein, um deine eigene Wahrheit zu erkennen. Lass dir Zeit damit. An diesem Punkt ist es immer schwierig, eine geeignete Vorstellung davon zu erhalten, wie das mit dem göttlichen, schöpferischen, liebenden Bewusstsein überhaupt ist. Es gibt keine Erklärung, die unser menschliches Hirn zufriedenstellen könnte.

Aber es gibt mögliche Theorien, die die göttliche Schöpferkraft erklären. Das göttliche Bewusstsein, das nichts anderes ist als liebende Information, erschafft das Universum aus Liebe.

Liebe ist die Kraft und Intention, die den Impuls gibt, das Dasein zu erschaffen, und ebenso abstrakt wie das göttliche Bewusstsein selbst.

Um eine Brücke zu bauen zwischen einer konkreten Vorstellung und abstraktem Denken drücke ich es gerne poetisch aus: Alles ist ein Traum. Und für mich ist Gott eine schimmernde Lichtgestalt ohne wirkliche Form, dafür strahlend und gleißend, eine Quelle puren Wohlbefindens, Friedens und Harmonie. Das Göttliche ist die Quelle liebender Information, für mich persönlich als subjektive Lichterscheinung konkret ausgedrückt. Und so nenne ich das Göttliche, das eigentlich unvorstellbar und unaussprechlich ist, einfach Gott.

Gott erträumt sich die Wirklichkeit, um sich in allen möglichen Ausdrucksformen und Schwingungsfrequenzen des Seins selbst zu erfahren. So entsteht das Dasein, das nun langsam Form und Gestalt erhält. Das Dasein wird also in verschiedenen Schwingungsfrequenzen und unendlich vielen Formen ausgedrückt.

Gott erträumt sich einfach alles, indem er einen liebenden Impuls aussendet und der Information eine Gestalt verleiht. Stell es dir vor, als ob Gott ein Bühnenstück am Theater plant. Er schreibt das Drehbuch, führt Regie, entwirft die Kostüme, legt die Handlungen zurecht, bestellt die Schauspieler, schreibt den Text vor und legt alles fest, was zu einer gelungenen Aufführung gehört. Das göttliche Bewusstsein kreiert somit einfach alles.

Dieses „Alles" – die Schöpfung – ist eingeteilt in einen feinstofflichen und einen grobstofflichen Bereich. Der feinstoffliche Bereich umfasst eine höhere Schwingungsfrequenz als der grobstoffliche. Alles Grobstoffliche ist für den Menschen als verdichtete Materie sichtbar. Die Schwingungsfrequenz ist entsprechend niedrig, und sie muss so sein, sonst könnte es keine Materie geben, die für uns Menschen dicht und griffig erscheint, also feststofflich. In Wahrheit ist aber auch das eine Illusion, denn verdichtete Materie, die völlig fest und dicht erscheint, ist dennoch schwingend und nicht wirklich dicht.

Aber kommen wir zur Definition der Seele. Das, was der Mensch Seele nennt, ist nichts anderes als eine Ausdrucksform der feinstofflichen Ebene, ein Teil der Schöpfung, anders schwingend als Materie. Innerhalb dieser Ebene gibt es mehrere, sehr unterschiedliche Ebenen der Schwingungsfrequenzen. Dazu gehören die Ebenen der Lichtwesen, der klassischen Engel, der Aufgestiegenen Meister, der Elfen und Feen, der Seelen der Verstorbenen, der Seelen der Sternenwesen und anderer Frequenzformen, die dem Menschen noch nicht bekannt sind und die diese Schöpfung auf der feinstofflichen Ebene darstellen. Das Wissen dazu wird sich erst im Laufe der Bewusstwerdung auf Erden offenbaren. Diese Ebene nennt der Mensch die Geistige Welt.

Niemals dürfen wir Menschen aber vergessen, dass alles nichts anderes ist als göttliches Bewusstsein. Die feinstoffliche, wie auch die grobstoffliche Materie.

Jeder Mensch, jeder Engel, jede Seele, jeder Aufgestiegene Meister, jeder Planet, jeder Grashalm, jeder Stein – Alles-was-ist ist göttliches Bewusstsein. Alles ist Teil der Schöpfung, erschaffen im göttlichen Traum aus Liebe. Die Liebe am Schöpferischen ist es, die dem göttlichen Bewusstsein Gestalt verleiht.

Gott hat also die gesamte Schöpfung und somit auch die Seelen erträumt. Eine Seele ist eine Ausdrucksform des göttlichen Bewusstseins.

Warum Seelen erschaffen werden, kann niemals mit dem Verstand erfasst werden. Es ist stets die göttliche Freude des

Erschaffens selbst, die Grund genug ist, eine Realität zu erträumen, die dem göttlichen Bewusstsein entspricht. Liebe und Freude sind die Intentionen, zu träumen und im Traum die Schöpfung in allen Details zu kreieren und stets auch wieder zu verändern.

Und wie wird nun eine Seele erschaffen?

Ich stelle mir das vor wie einen Funkenflug der Liebe. Die Intention der schöpferischen Liebe ist so stark, dass Funken fliegen, weil Liebe eine Bewegung freisetzt und Schwingungen erzeugt. Es entstehen Schwingungen in unterschiedlichen Frequenzen. Für mich sind das helle Lichtpunkte der liebenden Strahlkraft, so, als ob Gott einen Herzensstrahl der Liebe aussendet, der strahlend stark und hell erleuchtet ist und zugleich einen eigenen Schwingungsklang besitzt.

Gott erschafft Seelen aus Liebe, weil es so sein soll! Der göttliche Wille setzt die Liebe in Bewegung. Dieser Funke der Liebe erschafft dann schließlich Seelen.

Gott liebt die Seelen ins Dasein.

Diese Seelen können sich – wenn sie in die duale Welt des Seins geträumt werden – teilen und zu Dualseelen werden. Siehe dazu auch mein Buch *Heilkraft der Dualseelen* (Smaragd Verlag).

Aus Liebe kann alles erschaffen werden, also nicht nur die Seelen an sich, sondern auch die Schwingungsebenen der Seelen.

Nun haben Seelen die Möglichkeit, in ihrer ursprünglichen Schwingungsebene zu verweilen oder andere Schwingungsebenen aufzusuchen, zum Beispiel eine Schwingungsebene der starken Verdichtung von Materie – so, wie sie auf der Erde vorherrscht.

All das ist göttlich initiiert und inspiriert, poetisch ausgedrückt: Es wird erträumt.

Seelen können also inkarnieren, das heißt, sie können die erträumten Zyklen der Materie erleben, als Mensch oder als ein anderes Geschöpf auf einem anderen Planeten, manchmal in reiner Plasma-Form, manchmal als Aura-Nebel, manchmal richtig grobstofflich, wie wir es als Menschen kennen.

Aufgestiegene Meister haben zum Beispiel viele Inkarnationszyklen in menschlicher Gestalt hinter sich und weilen jetzt als Seelenschwingung im feinstofflichen Bereich.

Lichtwesen, Engel, geistige Begleiter und andere Schwingungsenergien sind ebenfalls göttlich erträumt. Manche von ihnen inkarnieren niemals innerhalb einer grobstofflichen Ebene. Engel sind deshalb immer Engel. Sie bleiben in ihrer ursprünglichen Schöpfungs- und Schwingungsebene und inkarnieren in der Regel nicht als Mensch oder innerhalb eines anderen Körpers auf einem anderen Planeten. Gott träumt diese Ebene des Seins ausschließlich feinstofflich.

Neben der Schwingungsebene der Engel gibt es die engelgleiche oder engelähnliche Schwingungsebene, eine Seelengruppe, die eben doch inkarniert. Diese Seelengruppe nennt sich Engelseelen, und um diese Seelen geht es hier. Sie inkarnieren überall, in allen feinstofflichen und grobstofflichen Ebenen der Schöpfung. Es sind Seelen, die engelgleiche Aufgaben übernehmen. Engelseelen eben.

Wer sind Engelseelen?

Engelseelen gehören zu einer Seelengruppe mit engelähnlicher Schwingung. Sie haben ihre eigene Schwingungsfrequenz, ihren eigenen Aufgabenbereich und ihre eigenen Inkarnationsgeschichten.

Sie inkarnieren nicht nur auf der Erde, sondern überall. Dennoch kann es vorkommen, dass sie viele Leben lang auf der Erde inkarnieren, vor allem dann, wenn ihr engelgleiches Wirken dringend auf der Erde benötigt wird.

Die Gesamtschwingung der Engelaufgaben liegt im Frequenzbereich bestimmter Aufgabenbereiche und macht deutlich, warum die Energie der Engelschwingung überhaupt existiert. Da sich feinstoffliche Engel nicht grobstofflich zeigen, sondern von der geistigen Ebene aus agieren, fallen die Tätigkeiten eines Engels an die Seelengruppe der Engelseelen. Schließlich sind sie Seelen, die inkarnieren können.

Feinstoffliche Engel sind Boten des Lichts und der Liebe. Sie sind Übermittler dieses Frequenzbereichs und sorgen mit ihrer Energieschwingung dafür, dass sich licht- und liebevolle Ebenen zeigen, installieren und etablieren lassen. Jedes Kind weiß, warum es Engel gibt und welche Aufgaben ihnen zukommen. Engel überbringen Botschaften, öffnen Türen für göttliches Bewusstsein, beschützen, weisen Wege und lassen Informationen zukommen, die richtungsweisend sind. Sie trösten in allen Lebenslagen, helfen, menschliches Leid zu transformieren, und begleiten auf dem Lebensweg.

Gottes Traum der Engel weist lichtvolle und liebevolle Wege, um zwischen den Ebenen des Seins – der feinstofflichen und der grobstofflichen Ebene – zu vermitteln und helfend zu wirken. Doch feinstoffliche Engel inkarnieren nicht, weshalb sie nicht dieselben Möglichkeiten haben, wie ein Mensch vor Ort zu wirken.

Das tun dafür die Engelseelen, die als Seele erschaffen worden sind und auf der Erde oder anderswo inkarnieren können. Ihnen kommt eine ähnliche Aufgabe zu wie den feinstofflichen Engeln. Ihr Vorteil aber ist es, dass sie einen Körper haben und direkt agieren können. Engelseelen sind also keine feinstofflichen Engel, sie sind Seelen, und sie wechseln die Ebenen der Stofflichkeit. Sie sind dazu bestimmt, die feinstoffliche Ebene zu verlassen und im Grobstofflichen direkt zu wirken. Deshalb gehören sie zu einer Seelengruppe, die ihre Schwingungsfrequenz ständig den Gegebenheiten der entsprechend vorherrschenden Materie anpassen muss und die Stofflichkeit wechselt.

Während die klassischen Engel stets ihre eigene Schwingungsfrequenz beibehalten und alle Geschöpfe und Lebensformen auf allen Planeten liebevoll aus der Feinstofflichkeit heraus begleiten, werden Engelseelen überall dort im Grobstofflichen eingesetzt, wo es nötig ist. Sie sind wie Agenten in geheimer Mission, um die Engelaufgaben direkt innerhalb der Materie einbringen zu können. Dazu benötigen sie einen dichten oder weniger dichten Körper, je nachdem, auf welchem Planeten die Engelseele gerade inkarnieren möchte.

Ich möchte dich an diesem Punkt noch einmal daran erinnern, dass alle Seelen gleichwertig sind. Wenn der Name „Engel" genannt wird, dann stellen sich viele Menschen immer noch eine Ebene vor, die „höher", „besser" oder „kompetenter" ist als die irdische Ebene. Es gibt aber keine „besseren" oder „höheren" Seelen, wie sie der Mensch gerne in eine Hierarchie presst. All dies sind Erklärungsmodelle, die der Mensch sich formt, um die feinstofflichen Ebenen besser verstehen zu können. Leider sind sie irreführend und sorgen dafür, dass sich der Mensch oft klein und nichtig vorkommt.

Die Schwingungsfrequenz eines Geschöpfs, einer Form, eines Planeten sagt nichts über seine Bedeutung, Essenz und Wichtigkeit aus. Gar nichts!

Die Schwingungsfrequenz sagt entsprechend auch nichts über das göttliche Bewusstsein der Schöpfung aus. Göttliches Bewusstsein ist unabhängig von allen Schwingungsfrequenzen, von Materie und von feinstofflichen sowie grobstofflichen Ebenen. Göttliches Bewusstsein ist in allem, es ist Alles-was-ist. Bitte lies dir diesen Satz noch einmal durch und lass ihn in Liebe und mit Wohlwollen auf dich wirken.

Der Mensch beurteilt stets so, wie es sein Gehirn zulässt. Neues Wissen aufzunehmen ist immer eine Herausforderung und regt an, sich von alten, eindimensionalen Denkmodellen zu lösen. Doch das ist nicht immer einfach. Deshalb sei mitfühlend mit dir, wenn du nicht alles gleich verstehst. Mach dir bitte bewusst, dass du alles zum richtigen Zeitpunkt verstehen wirst und es jetzt wichtig ist, das Bewusstsein über den Verstand wachsen zu lassen. Noch knüpfen viele Menschen zum Beispiel das „Sich-bewusst-Sein" an bestimmte Bedingungen wie das Vorhandensein eines Großhirns, Bewegung im Raum, Verhalten und erkennbare Charaktereigenschaften. Durch naturwissenschaftliche Beobachtungen stellt der Mensch dann Denkmodelle auf, die in diesen von ihm auferlegten Rahmen passen. Doch Gewissheit wird der Mensch nie haben. Ein niedrig schwingender Kieselstein kann sich seiner Göttlichkeit absolut bewusst sein. Woher will der Mensch wissen, dass dem nicht so ist? Nur weil der Kieselstein kein Gehirn besitzt, nicht sprechen kann und meistens nur herumliegt, heißt das nicht, dass kein Bewusstsein vorhanden ist, das sich seiner selbst bewusst ist.

Bewusstsein ist mehr, als der Mensch begreifen kann. Vor allem ist es nicht an das menschliche Gehirn und Denkvermögen gebunden. Es ist auch nicht an die Kompetenz gebunden, eine Sprache zu sprechen. Das beweisen zum Beispiel Forschungsergebnisse mit Säuglingen. Ein Säugling, der nicht sprechen kann, ist sich dennoch seiner Existenz bewusst. Und er kann sich manchmal an Ereignisse aus seiner Säuglingszeit bewusst erinnern und wissen, was er denkt.

Viele Menschen sehen in der Schöpferkraft des Menschen den Beweis für das Vorhanden-Sein eines weit entwickelten Bewusstseins. Dass der Mensch fähig ist, seine Welt zu gestalten, sie zu verwalten, zu ordnen und sie sich zu eigen zu machen, sagt nichts über das Bewusstsein als solches aus. Natürlich ist die Menschheit mit ihren entwickelten Großhirnen fähig, sich ihre Umwelt zu gestalten, Häuser zu bauen, politisch zu agieren, Kunst zu erschaffen und die Welt zu bewirtschaften, anders, als es in der Tierwelt erkennbar ist, in der fast keine oder eine andere schöpferische Kraft zur Anwendung kommt. Aber schöpferische Kraft ist kein Kriterium für Bewusstsein. Jedes göttlich erträumte Geschöpf ist sich auf seine eigene Art und Weise seiner selbst bewusst.

Zurück zu unserem Beispiel eines menschlichen Säuglings. Dieser ist sich seiner Existenz absolut bewusst, auch wenn er nicht sprechen kann und in einem Körper steckt, der verschiedene menschliche Eigenschaften erst mühsam erlernen muss. Aber meistens tritt dann das Vergessen auf, und Informationen werden unterbewusst auf der „Festplatte Gehirn" abgespeichert, um nur noch zum Beispiel über Hypnose abgerufen werden zu können. Doch gerade Engelseelen sind oft fähig, sich das Erinnern zu bewahren oder Informationen automatisch von ihrer „Festplatte" abzurufen.

Die menschliche Forschung steckt diesbezüglich noch in den Kinderschuhen. Aber selbst die klassischen Wissenschaften erforschen mittlerweile – Gott sei Dank – die Zusammenhänge von Bewusstsein, Persönlichkeit und Spiritualität unter neuen Gesichtspunkten. Einer der wichtigsten Lernschritte der Menschheit ist, Bewusstsein unabhängig von irdischen Parametern zu betrachten. Göttliches Bewusstsein ist Gott, ist Alles-was-ist. Es gibt nichts anderes als göttliches Bewusstsein, das sich in vielerlei Gestalten und Ausdrucksmöglichkeiten zeigt.

Noch einmal, um Gewissheit zu spüren:

Göttliches Bewusstsein ist Alles-was-ist! Es existiert in allen möglichen Formen und drückt sich individuell aus. Der Mensch ist im Augenblick noch nicht fähig, das gesamte Ausmaß dieser Tatsache voll und ganz zu begreifen. Aber er ist auf dem Weg dahin.

Was Engelseelen ausmacht

Engelseelen sind reines, liebendes Bewusstsein, wie alles innerhalb dieses Universums. Sie wurden von Gott erträumt, um zwischen den Stofflichkeiten, den Welten und materiellen Ausdrucksformen des Seins zu vermitteln, Informationen auszutauschen und auf dem Weg durch Raum und Zeit als liebevolle Begleiter zu fungieren. Sie sind Gestaltwechsler und werden manchmal sogar situationsgebunden kurzfristig eingesetzt. Dazu müssen sie sich nicht immer erst komplett inkarnieren. Sie materialisieren sich für wenige Momente oder während einer gewissen Zeitspanne.

Jeder von uns hat mindestens einmal im Leben mit solch einer Engelseele in Menschengestalt zu tun gehabt oder von jemandem gehört, dem solch eine Engelseele in Menschengestalt begegnet ist. Meistens erscheint die Engelseele in einer Krisensituation, zum Beispiel, um einen Unfall zu verhindern, den richtigen Weg zu weisen, eine Katastrophe abzuwenden oder einfach nur einen wichtigen Hinweis zu geben.

Schon als Kind haben mich diese Geschichten fasziniert. Ich konnte nicht genug davon bekommen, mir davon erzählen zu lassen oder mir später Bücher zu kaufen, die genau solche Geschichten beinhalten. Weil mir bewusst wurde, dass meine Seele diese Erfahrung auch schon gemacht hat.

In vielen Fällen greifen die Engel aus der feinstofflichen Sphäre persönlich ein, auf ihre feinstoffliche Art und Weise. Der Mensch spürt dann lediglich, dass etwas Großartiges geschieht. Er sieht eine Feder fliegen, spürt eine beruhigende Berührung auf der Schulter oder erlebt, wie zum Beispiel ein Auto plötzlich hochgehoben wird, um einen Unfall zu verhindern. Die physikalischen Gesetze der irdischen Welt werden dabei manchmal völlig außer Kraft gesetzt und erstaunen die Menschen. Es scheint wie ein Wunder zu sein, und der betroffene Mensch ist sich absolut sicher, dass hier Engel am Werk waren.

Bei diesen Engelerlebnissen gibt es keinen Menschen, der ausführende Kraft der Aktion ist. Die Engel erfüllen ihre Aufgabe direkt aus der feinstofflichen Ebene heraus. Hinterher ist trotzdem gewiss, dass die Engel interveniert haben.

Es gibt etliche Menschen, die den Bereich der Engel sehr detailliert wahrnehmen können. Sie „sehen" die Engel, die bei anderen Menschen oder um sie herum sind. Je nachdem, welches Denkmuster und welche Erwartungshaltung diese Menschen haben, zeigen sich ihnen die Engel entweder als Lichtkugel, schwingende Energieräder oder in der typischen Engelform mit Flügeln.

Tritt aber ein Engel in Menschengestalt auf, dann handelt es sich um eine Engelseele, die sich just für diese Aufgabe situationsbedingt materialisiert hat. Ihr Einsatz ist klar umschrieben. Die Engelseele in Menschengestalt überbringt die wichtige Botschaft, leistet Hilfe und gibt Impulse zur Neuorientierung. Sie taucht ganz plötzlich situationsgebunden auf und verschwindet ebenso schnell, wenn der Auftrag erfüllt ist.

Der Mensch, dem Hilfe von einer Engelseele zuteilwird, kann gar nicht so schnell erfassen, was mit ihm und in der Situation geschieht. Kaum schaut er sich um, ist der Mensch verschwunden, der ihm gerade geholfen hat, als hätte er nie existiert. Das stiftet zwar kurz Verwirrung, aber viele Menschen sehen darin – zu Recht – die göttliche Intervention der Engel und sind dankbar für diese Erfahrung. Sie haben eine Engelseele erlebt, die sich für diese besondere Aktion materialisiert hat.

Situationsgebunden werden Engelseelen immer wieder im gesamten Universum eingesetzt. Sie tauchen ganz plötzlich auf – wie aus dem Off –, und sind dann wieder komplett verschwunden. Man sieht sie nie wieder in dieser Gestalt.

Aber Engelseelen haben vor allem die Möglichkeit, sich zu inkarnieren und sich zum Beispiel für einen irdischen Einsatz zu entscheiden. In diesem Fall durchlaufen sie genau dieselben Rituale wie alle Seelen, die auf einem Planeten inkarnieren. Sie erhalten ihren „Einsatzplan", suchen sich ihre leiblichen Eltern für die entsprechende Inkarnation aus, erhalten ihren Körper, werden geboren und verlassen den Körper, sobald der Auftrag erfolgreich erfüllt werden konnte. Sie leben das ganz normale Leben eines jeden Menschen, werden mit irdischen Herausforderungen konfrontiert, altern und sterben schließlich.

Diesbezüglich unterscheidet sie nichts von anderen Seelen. Denn jede Seele bringt ihren Lebensplan mit ins Dasein und die Erfahrungen, die innerhalb dieser einen Inkarnation gemacht werden sollen.

Und doch gibt es gravierende Unterschiede. Eine Seele, die vornehmlich auf der Erde inkarniert, erfährt das göttliche Dasein meistens auf dem Weg karmischer Verstrickungen innerhalb der Ahnenreihen und der unterschiedlichen Lebenserfahrungen im Laufe der Menschheitsgeschichte. Diese Seelen sind reine „Erdenseelen". Sie lernen auf diesem Weg, dass sie mit Hilfe vieler Inkarnationen durch göttliche Liebe und im Lieben Erlösung erfahren, um dann zurückzukehren ins Herz Gottes. Jedes gelebte Leben ermöglicht ihnen eine neue Chance, trotz aller Umstände, in Liebe zu wachsen, zu lieben und bestimmte Lebensmuster zu erlösen.

Deshalb wählen Erdenseelen immer wieder den Weg, sich auf der Erde zu inkarnieren. Während ihres Lebens erschaffen sie mit ihren Gedanken, Gefühlen und Handlungen ihr Karma. Dieses zu erlösen ist jedes Mal eine neue Herausforderung im Leben einer Erdenseele. Doch die Chance dazu besteht in jedem Leben aufs Neue.

Karmische Verstrickungen zu erleben und auf diesem Weg göttliche Liebe zu erfahren, gehört nicht zum Sein und Plan der Engelseelen. Dennoch geschieht eine karmische Interaktion, wenn Engelseelen als Menschen inkarnieren. Engelseelen in Menschengestalt hinterlassen Spuren wie alle anderen Menschen und sind verbunden mit ihrer biologischen Ahnenlinie. Allerdings haben sie nicht immer die Möglichkeit, sofort im nächsten Leben für karmischen Ausgleich zu sorgen, weil sie ja ganz woanders und in einer anderen Gestalt und Daseinsform inkarniert sein können.

Hinzu kommen all die anderen Spuren, die in ihrem Sein gespeichert sind und von anderen Daseinsformen auf anderen Planeten stammen. Alle Spuren aus jeglichen Existenzen wollen erlöst werden. Und meistens werden sämtliche karmische Interaktionen sowie alle anderen Existenzspuren intuitiv auch gleich wieder im Gebet und durch ihren engelgleichen Lebensauftrag des ständigen Beistands für andere erlöst. Nicht immer gelingt das aber optimal, was an den menschlichen Bedingungen auf der Erde liegt.

Eine Engelseele bringt also vielerlei Spuren mit in ihre menschliche Inkarnation, die manchmal sehr hinderlich sein können und für Verwirrung sorgen, einerseits im Bereich der Erinnerungen, andererseits im Bereich der Bewusstwerdung. Es kann nämlich gut sein, dass eine Engelseele in Menschengestalt ihren engelgleichen Plan im Bereich ihrer Lebensaufgaben nur unzulänglich erfüllen kann, wenn sämtliche Spuren der verschiedenen Existenzen und Daseinsebenen unerlöst geblieben sind oder gänzlich im Vergessen abtauchen.

Engelseelen inkarnieren einzig und allein, um ihrer Aufgabe als Engelschwingung gerecht zu werden, egal, in welcher materiellen Schwingungsebene sie im Einsatz sind. Das ist ihre Erfahrung für alle Inkarnationen, um göttliches Bewusstsein in Liebe zu erleben und schließlich zurückzukehren ins Herz Gottes.

Die Inkarnationsmöglichkeiten von Engelseelen auf der Erde

Es gibt verschiedene Möglichkeiten, wie Engelseelen im göttlichen Bewusstsein geträumt werden. Von zwei Möglichkeiten haben wir bereits gehört.

Es gibt die Möglichkeit, sich für eine kurze Zeitspanne zu materialisieren. Die Engelseele taucht in Menschengestalt auf und verschwindet wieder. Sie erfüllt ihren Auftrag und wird dann nicht mehr gesehen. Die Aktion bleibt für den Menschen einmalig und hinterlässt das sichere Gefühl eines Wunders.

Die andere Möglichkeit, von der hier vornehmlich berichtet wird, ist die komplette Inkarnation als Mensch, beginnend mit dem Lebensplan, der Zeugung, der Geburt, der Lebensspanne und dem Tod.

Aber es gibt noch zwei weitere Möglichkeiten, auf der Erde wirksam zu werden. Das geschieht dann, wenn eine Engelseele ihre Seelenanteile in einem schon lebenden Menschen verankert. Die Seelenanteile verschmelzen dann mit der anderen Seele. Dieser Mensch erfährt ab diesem Zeitpunkt eine grundlegende Wesensveränderung und krempelt sein Leben komplett um. Die Verschmelzung ist vor der Inkarnation im Seelenplan festgelegt. Das heißt, dass es keine „Zwangsverschmelzung" oder gar „Seelenübernahme" gibt. Alles geschieht im Einklang mit dem göttlichen Bewusstsein.

Menschen, die plötzlich anders sind, sich anders verhalten, ihr Leben auf den Prüfstand stellen, nach einer schweren Erkrankung oder einer Lebenskrise völlig anders denken, fühlen und handeln und nun den Aufgabenbereich der Engelseelen erfüllen, sind verschmolzen mit Seelenanteilen einer Engelseele. Es ist der Aufgabenbereich der Engelseelen, der diese Tatsache dann deutlich macht, denn es gibt auch andere Möglichkeiten der Seelenverschmelzung. Der Aufgabenbereich der Engelseelen zeigt an, dass Seelenanteile einer Engelseele mit einer anderen Seele verschmolzen sind. Engelseelen können mit allen anderen Seelenschwingungen verschmelzen.

Aber es ist auch möglich, dass eine Engelseele komplett den Platz mit einer anderen Seele tauscht. Die betroffenen Menschen erleben meistens eine sehr einschneidende, meist lebensbedrohliche Situation, damit das geschehen kann. Fast immer sind es Nahtoderfahrungen, schwere Erkrankungen, manchmal mit einer Komaerfahrung verbunden, die diesen Tausch ermöglichen. Danach ist nichts mehr für diesen Menschen, wie es vorher war. Er erfährt eine radikale Wesensveränderung und richtet sein Leben nun komplett auf die göttliche Führung aus. Mit all seinem Können, Herzblut und Engagement übernimmt dieser Mensch die Aufgaben der Engelschwingung, und nichts kann ihn mehr von diesem Weg abbringen.

In beiden Fällen – also im Fall der Seelenverschmelzung sowie im Fall des Seelentausches – erspart sich die Engelseele einen Teil der Inkarnation, meistens Kindheit, Jugend und die Zeit des frühen Erwachsen-Seins. Erst in reiferen Jahren findet meistens die Verschmelzung beziehungsweise der Tausch statt. Doch Ausnahmen gibt es immer wieder.

Auf jeden Fall wurde im Seelenmiteinander festgelegt, dass eine Verschmelzung oder ein Tausch stattfinden kann.

Unterwegs in Parallelwelten

Jede Seele kann unabhängig von ihrem Körper in allen Ebenen des Bewusstseins unterwegs sein. Gott träumt mehrdimensional und ermöglicht Zustände des Daseins und der Realität, die mit dem menschlichen Gehirn nur unzureichend erfassbar sind. Schon gar nicht sind sie objektiv mess- und erklärbar.

Seelen bewegen sich durch Raum und Zeit innerhalb verschiedener Parallelwelten. Der Begriff Parallelwelt sagt schon aus, dass diese Existenzform gleichzeitig stattfindet. Seelenteile agieren in diesen Parallelwelten, die zum Beispiel im Traum ausgesandt werden, doch dem Menschen ist das nur in seltenen Fällen bewusst. Es hat schon seinen Sinn, warum die menschliche Existenz im irdischen Körper als Filter fungiert und nur eins nach dem anderen erfahrbar macht.

Es ist nicht erstrebenswert, in diese Parallelwelten bewusst einzutauchen, zumindest nicht zum jetzigen Zeitpunkt der Menschheitsentwicklung. Dennoch geschieht es, aber dann ist auch alles stimmig und soll so sein. Es geschieht stets immer nur das, was der Seelenplan vorsieht. Dies gilt für alle Seelen aus allen Schöpfungsbereichen.

Natürlich sind auch Engelseelen in verschiedenen Parallelwelten unterwegs. Stets gilt es, der Aufgabe der Engelschwingung gerecht zu werden, gleichzeitig in mehreren Bewusstseins- und Existenzebenen.

Einige Engelseelen wissen ihre Dualseele oder ihre Dualseelenteile in diesen Parallelwelten. Und jeder Seelenteil agiert entsprechend der Aufgabe der Engelschwingung gerade dort, wo es wichtig und nötig ist.

Engelseelen auf der Erde

Seit Anbeginn der Zeit inkarnieren Engelseelen im gesamten Universum, allen möglichen Daseinsebenen und auch auf der Erde. Man trifft sie in jedem Zeitalter und in allen möglichen menschlichen Erscheinungsformen. Sie passen sich komplett den Gepflogenheiten auf der Erde an und erfüllen ihre Aufgaben so gut sie können. Und das ist auf der Erde nicht so einfach.

Wer auf der Erde als Seele inkarniert, ist in der Regel dem Vergessen aller Göttlichkeit unterworfen. Er vergisst fast alles. Das gilt für alle Seelen.

Wer auf der Erde inkarniert, vergisst in der Regel den Lebensplan und die Lebensaufgaben. Er vergisst, wo und wer er vorher war. Er erhält einen Körper, der erst einmal mühselig alles erlernen muss, was zum Überleben wichtig ist. Und er muss sich mit allen Anstrengungen auseinandersetzen, die das menschliche Leben zu bieten hat.

Für jede Seele ist das eine große Herausforderung. Wie alle Seelen muss die Engelseele ihr Schwingungsniveau den Gesetzen der Materie anpassen. Sie ist zwar geschult darauf, gerade diese Anpassung der Schwingungsfrequenz gut zu meistern, aber körperlich – sobald die Engelseele einen Körper hat – kostet diese Nivellierung sehr viel Energie.

Seelen, die ausschließlich auf der Erde inkarnieren und ihre karmischen Lasten abtragen, haben es diesbezüglich leichter und sind weitaus weniger anfällig für Depressionen, Burn-out, Erschöpfungszustände und Kraftlosigkeit jeglicher Art. Sie müssen dafür andere Herausforderungen bewältigen.

Engelseelen haben mitunter viel mehr Probleme, Körper und Seele im Gleichgewicht zu halten und mit den irdischen Gepflogenheiten zurechtzukommen.

Dennoch entscheiden sich Engelseelen immer wieder freiwillig, auf der Erde zu inkarnieren. Dazwischen oder nach mehreren irdischen Inkarnationen inkarnieren sie auf anderen Planeten und innerhalb anderer Existenzebenen. Sie sind also fast immer „die Springer" im Universum, immer dort im Einsatz, wo man die Aufgaben der Engelschwingung vor Ort benötigt.

Ihre verschiedenen Einsatzorte im Universum hinterlassen „Erinnerungsabdrücke", die die Engelseele als Mensch in ihrem Zellbewusstsein sowie in ihren mentalen Erinnerungen gespeichert hat. Dieses Sammelsurium an unterschiedlichen Daseinserfahrungen ist jedes Mal eine neue Herausforderung für eine Engelseele, die zurzeit auf der Erde ihren Einsatzort hat.

Engelseelen – Geheimagenten der dienenden Liebe

Engelseelen sind so etwas wie Geheimagenten der dienenden Liebe. Sie inkarnieren auf der Erde, können sich aber nur schwer an ihren Auftrag erinnern. Die Verdichtung der Materie auf der Erde, die Schwingung der Dualität, das extrem schnelle Altern sowie die Krankheitsanfälligkeit des Körpers machen es Engelseelen nicht leicht, Liebesboten zu sein.

Gott träumt eben die Erde, wie sie ist. Alles ist Schöpfung des göttlichen Bewusstseins. Erschaffen wurde auch die Eigenschaft des Menschen, einen freien Willen zu haben. Der freie Wille stellt die Weichen für eine eigene Entwicklung des menschlichen Bewusstseins und des Lebens auf der Erde. Gott gibt also seinen Schauspielern freie Hand. Die Menschen sollen ihren Texte selbst schreiben und ihr Bühnenstück selbst verwalten.

Damit das einigermaßen gut klappt, werden die Engelseelen eingesetzt, um die typischen Eigenschaften und Aufgaben aus der Engelschwingung vor Ort in menschlicher Gestalt auszudrücken – als Mittler, Boten und Helfer für andere Seelen.

Eine Hauptaufgabe der Engelseelen besteht also darin, liebevolle Wege durchs Leben aufzuzeigen. Innerhalb ihrer Familien, ihrer beruflichen Situation und ihres sonstigen Umfelds sind Engelseelen immer darauf bedacht, Wege der dienenden Liebe zu weisen. Das tun sie schon als Babys, als Kleinkinder, und erst recht als Erwachsene.

Jede Engelseele hat ihren speziellen Wirkungskreis, denn eine Engelseele allein kann nicht die ganze Menschheit retten. Engelseelen wirken also immer da, wo sie gerade sind, innerhalb ihres Lebensumfelds. Fast immer wirken sie im Alltäglichen. Nur wenige Engelseelen sind auserwählt, einen größeren Einsatzbereich zu betreuen, zum Beispiel, wenn sie eine Firma leiten, ein Unternehmen führen oder über ihre Werke einen größeren Kreis an Menschen erreichen. Das sind Ausnahmen. In der Regel betreuen Engelseelen ihren Aufgabenbereich im Kleinen, zum Beispiel innerhalb der Familie, im Verein, am Arbeitsplatz, im Urlaub, in der Freizeit, beim Einkaufen, in Bussen und Bahnen, in der Nachbarschaft und im Freundeskreis.

Ihre Aufgabe, Boten der Liebe zu sein, nehmen Engelseelen immer sehr ernst. Auch wenn sie ihren Auftrag aufgrund der menschlichen und irdischen Situation vergessen haben, so sind sie intuitiv stets darauf aus, im Denken, Fühlen und Handeln Boten der Liebe zu sein. Selbst wenn sie sich dessen nicht immer bewusst sind, sind sie Wegbereiter liebender, engelhafter Energie. Ihr ganzes Sein drückt Liebe aus, die immer spürbar ist.

Werden sie, aus welchen Gründen auch immer, von ihrem Auftrag abgehalten, werden sie mit der Zeit kribbelig. Dann ahnen sie, dass irgendetwas nicht so läuft, wie es laufen sollte. Manche haben dann sogar das Gefühl, die Zeit renne ihnen davon. Sie meinen eventuell am falschen Ort zu sein und spüren den inneren Druck, dass etwas Wichtiges noch zu erledigen ist. Aber sie wissen oft nicht, was genau das sein könnte. Dieses Gefühl einer „unerledigten Aufgabe" macht ihnen ziemlichen Stress, wobei Engelseelen sehr wahrscheinlich wissen, dass diese Aufgabe nicht mit ihrem Beruf und auch nicht mit dem typischen Erfolg und der persönlichen Anerkennung einhergeht, nach dem Menschen sich normalerweise so sehr sehnen.

Engelseelen tragen die Botschaft der göttlichen Liebe weiter, aber sie sind nur selten direkte Heiler, auch wenn es Engelseelen gibt, die sich für diesen Weg entscheiden. Ausschließlich in einem spirituellen Beruf tätig zu sein, das würde sie zu sehr einschränken. Sie benötigen einen größeren Spielraum und wirken deshalb vielseitig im Alltag innerhalb aller Lebensbereiche. Sie üben also nur sehr selten einen klassisch spirituellen Beruf aus, denn sie wollen – und müssen – nicht nur für schon spirituell lebende Menschen da sein. Ihre Einsatzgebiete sind gerade dort, wo man sie nicht vermutet, eben im irdischen Alltag. Und meistens sogar dort, wo alles andere als eine lebendige, bewusste Spiritualität gelebt wird.

Ständig senden sie heilsame Impulse aus, indem sie die göttliche Liebe leben. Das bewirkt bei ihren Mitmenschen oft einen Gesinnungswandel und oft sogar eine Heilung der Situation. Einfach durch ihr Dasein, ein Gespräch, einen Hinweis, ein liebes Wort, ein freundliches Lächeln kommt die göttliche Heilkraft ins Fließen, die Selbstheilungskräfte der anderen werden aktiviert, das göttliche Bewusstsein entfaltet sich individuell und strahlend.

Den meisten Engelseelen ist noch nicht einmal bewusst, was sie bewirkt haben. Und es ist ihnen auch nicht wichtig. Tief im Inneren wissen sie um das göttliche Bewusstsein und dass alles eins ist. Ihr Ego braucht dann weder Bewunderung, noch Dankes- oder Lobeshymnen, noch andere Schmeicheleien oder gar eine Art Bezahlung. Sie wollen auch nicht auf ein Podest gehoben werden, und über Spirituelles sprechen sie fast gar nicht, schon gar nicht missionierend. Im Gegenteil: Sie halten sich sehr zurück und geben ihr Wissen nicht belehrend weiter. Denn sie wissen, dass es nichts bringt, weil jeder Mensch seine eigenen Erfahrungen machen muss und seinen eigenen spirituellen Weg und Plan hat.

Wichtig ist einzig und allein die Überbringung der Botschaft der Liebe, ganz zart, behutsam, einzigartig, und immer dann, wenn es nötig ist. Und dann so unbemerkt wie möglich.

Engelseelen – Die stillen Boten des Mitgefühls

Engelseelen sind stille Boten. Sie erfüllen ihren Auftrag in Ruhe und Stille, ohne großes Aufsehen und ohne sich als Person in den Vordergrund zu stellen. Ihr Leben ist überwiegend von reinem Mitgefühl geprägt, und sie freuen sich, wenn es ihnen gelungen ist, jemandem eine Freude zu bereiten.

Wenn du jemanden kennst, der spirituell sehr stark missioniert oder als Heiler vehement als angebeteter Guru in der Öffentlichkeit auftritt, Vorträge hält und viel Aufwand in Public Relations setzt, ist das garantiert keine Engelseele. Was ja nicht weiter schlimm ist, denn jede Seele trägt göttliches Bewusstsein in sich und hat ihre Lebensbestimmung. Seelen sind immer gleichwertig, aus welcher Schöpfungsebene sie auch stammen.

Engelseelen arbeiten fast immer in der Stille und wissen, dass sie ihren Auftrag auf diese Weise am besten erfüllen. Das macht sie glücklich und zufrieden. Sie sind auch stets mit der Engelwelt verbunden. Sie wissen, dass ihnen die feinstofflichen Engel jederzeit zur Seite stehen, sie begleiten und bei ihnen sind. Dazu müssen sie keine Engelseminare besuchen oder besondere Meditationen anwenden, um den Kontakt zur Engelwelt herzustellen. Es reicht ihnen, in der festen Überzeugung zu leben, dass die Engel aus der geistigen Ebene bei ihnen sind.

Eher schmunzeln sie über alle anderen Seelen, die von einem Event zum anderen rennen, um in Kontakt mit ihren Engeln zu kommen. In ihnen ist kein Bedürfnis, es anderen gleichzutun. Sie spüren, dass sie es nicht brauchen, weil sie einen Auftrag zu erfüllen haben.

Als mein Buch *Einhorn-Engel-Menschen* entstand (Smaragd Verlag), war noch nicht klar, dass viele der Menschen, die die Eigenschaften der Einhorn-Engel in sich vereinen, Engelseelen sind. Der Begriff der Engelseelen offenbarte sich erst später. Aber jetzt macht dieses Wissen Sinn. Nicht alle Einhorn-Engel-Menschen kommen aus der Ebene der Engelseelen, aber doch einige. Diese werden sich hier wiederfinden.

Das Mitgefühl der Engelseelen drückt sich so aus, dass alle Menschen es lieben, einer Engelseele ihr Herz auszuschütten. Das passiert schon Engelseelen-Kindern. Sie werden zum seelenvollen Tröster und liebevollen Zuhörer. Denn Engelseelen strahlen entsprechend dieses riesige Mitgefühl und das aus der Engelschwingung stammende Beschützen und Verstehen aus. Sie können alles und jeden verstehen und alles mittragen. Selbst wildfremde Menschen öffnen sich innerhalb dieser Engelschwingung und lassen den Ballast der Seele los.

Viele Engelseelen nehmen diese Tatsache, dass sich ihnen jeder öffnet, geduldig und still hin. Sie setzen nur dann eine Grenze, wenn sie spüren, dass es der Entwicklung des Menschen schaden würde, wenn sie weiterhin der Seelsorger sind. Nämlich dann, wenn der andere nicht in die Aktion kommt und im Jammern steckenbleibt. Dann können sie sogar richtig heftig werden und klare Grenzen setzen. Sie wissen zwar, dass dieses Verhalten das Gegenüber erschreckt oder gar verletzt, aber ihnen ist bewusst, dass sie mit „Nett-Sein" und „Lieb-Sein" das Seelenwachstum des anderen behindern. In diesem Fall sprechen sie Klartext.

Engelseelen – Wegbereiter und Toröffner für andere Menschen

Engelseelen können gar nicht anders, als anderen Menschen Türen und Tore zu öffnen. Sie sind Wegbereiter, Boten, Hinweisgeber und stellen manchmal die Weichen so, dass andere Menschen nicht nur davon irdisch profitieren, sondern auch seelisch und geistig.

Ihr ganzes Sein dreht sich ausschließlich um diese Lebensaufgabe. Dazu benötigen sie so viel Empathie wie nur möglich. Engelseelen sind deshalb im gesamten Seelenbereich diejenigen, die sich als Mensch absolut in einen anderen Menschen einfühlen können, also vollkommene Empathie zeigen. Sie sind in der Lage, einen anderen eins zu eins zu spüren, zu fühlen und mit allen Sinnen wahrzunehmen. Ihre Fühler sind wie Antennen stets aufnahmebereit.

Alle Seelen haben diese Eigenschaft, aber Engelseelen spüren Empathie vom ersten bis zum letzten Atemzug als Mensch ganz deutlich. Diese Empathie ist ihnen stets bewusst, auch wenn sie das Wort dafür nicht kennen und einzig ihr Gespür dafür haben.

Das Paradoxe dabei ist aber, dass Engelseelen alles spüren und verstehen können, sich selbst aber dennoch ein ganzes Leben fremd fühlen in ihrem eigenen Dasein und der Denkweise so vieler anderer Menschen. Dieses absolute Verständnis und das Gefühl der eigenen Fremdheit im Gesamtkontext ist eine Diskrepanz, die eine Engelseele ein Leben lang auf der Erde begleitet. Dennoch hält sie diese Tatsache niemals davon ab, ihrem Seelenauftrag konsequent und tatkräftig zu folgen.

Sie begleiten andere Menschen auf schwierigen Lebenswegen, ebnen ihnen die Wege, stellen Kontakte her, geben Ratschläge und Tipps und helfen ihnen, sich selbst zu helfen. Das tun sie innerhalb eines völlig „normalen" Berufes und während ihrer Freizeit. Es ist gleichgültig, welchen Beruf sie als Mensch ergreifen, die Grundstruktur bleibt immer dieselbe: Sie sind Engelseelen, und ihr Leben ist der Engelschwingung gewidmet. Das heißt, dass sie als Bäcker genauso Seelsorger und Lebensbegleiter sind wie als Buchhalter, als Hausfrau oder Ingenieur. Und genau dort werden sie gebraucht. Deshalb findet man Engelseelen überall und keinesfalls nur innerhalb spiritueller Berufe wie Heiler, Therapeut, Yogalehrer, ganzheitlicher Berater usw.

Diese Berufe faszinieren sie zwar, weil sie sich für alles Spirituelle interessieren, aber sie spüren intuitiv, dass sie vor allem dort gebraucht werden, wo das Spirituelle noch keinen bewussten Einzug gefunden hat.

Es ist gut möglich, dass die Engelseele – sobald sie spürt, dass ihr Auftrag mit einer Person oder Personengruppe beendet ist – plötzlich fortzieht, um dann für eine andere Person oder Personengruppe da zu sein. Wie aus heiterem Himmel ändert sie dann ihren Wohnort, ihr Lebensumfeld und auch ihren Beruf. Das ist natürlich nur dann möglich, wenn die Engelseele als Mensch ein Single-Dasein führt. Aber auch mit Familienanhang ist es möglich, den Lebensstandort zu wechseln oder sich plötzlich für ein neues Hobby zu interessieren, um innerhalb des neuen Lebensbereichs in Aktion treten zu können.

Der Engelseele selbst ist das oft gar nicht wirklich bewusst. Aber sie spürt den inneren Drang, fortzugehen, sich anderen Projekten, Orten und Personen zuzuwenden und dort in gewohnter Weise zu wirken.

Engelseelen für die heutige Zeit

Es ist kein Zufall, dass das Wissen über die Engelseelen jetzt Gehör finden soll. Denn in der heutigen Zeit, die ganz neue Herausforderungen mit sich bringt, inkarnieren besonders viele Engelseelen auf der Erde. Sie haben sich bewusst diesen neuen Auftrag herausgesucht und stationieren auf der Erde, gemeinsam mit etlichen anderen Engelseelen, die verstreut rund um den Globus aktiv werden.

Gott verändert seinen Traum. Das göttliche Bewusstsein sieht vor, dass die göttliche Bewusstwerdung aktiv voranschreitet. Dazu erhöht sich die Schwingung der Erde und soll als Impulsgeber wirken. Das hat Auswirkungen auf den menschlichen Körper. Lichtkörpersymptome können alle Menschen mehr oder weniger stark ausgeprägt spüren. Lichtarbeiter – und zu denen gehören vor allem auch die Engelseelen – leiden besonders intensiv unter den irdischen Bedingungen, die zurzeit auf der Erde vorherrschen. Sie nehmen diese Tatsache zwar mehr oder weniger gelassen hin, aber es schwächt sie vor allem körperlich und macht es ihnen schwer, ihren Lebensauftrag optimal zu erfüllen. Dann spüren sie den inneren Drang nach ihrer Lebensaufgabe sehr intensiv und sind verzweifelt, wenn ihr Körper ihnen den Dienst versagt und sie ihren Aufgaben nicht pflichtbewusst nachkommen können.

Hinzu kommt der auf der Erde im Augenblick vorherrschende Tenor der westlich zivilisierten Welt, sich als Individuum selbst zu verwirklichen.

Es ist Zeit, sich deshalb bewusst zu machen, dass es Engelseelen gibt, die ein wenig andere Bedürfnisse haben als andere Seelen und einen Lebensauftrag haben, der so gar nicht zu der aktuellen menschlichen Situation passt. Denn das offizielle Credo des Menschen heißt nach wie vor Selbstverwirklichung und sorgt dafür, dass sich Engelseelen nicht wohlfühlen.

Engelseelen sind nicht auf der Erde, um sich als Person selbstzuverwirklichen. So etwas ist ihnen völlig fremd, aber sie geraten in Stress, weil sie denken, etwas wäre mit ihnen nicht in Ordnung, wenn sie nicht ständig an der Entwicklung und Entfaltung ihres Selbst arbeiten.

Engelseelen müssen auch nicht an ihrer Seelenentwicklung arbeiten, weil sie nicht am Inkarnationsprozess der Erdenseelen teilhaben. Seelenentwicklung ist eindeutig eine Aufgabe aller Seelen, die vornehmlich auf der Erde inkarnieren. Diesen obliegt der Auftrag, sich selbst und seinen Nächsten lieben zu lernen, Liebe zu senden und zu empfangen und sich als Bewusstsein göttlicher Liebe zu begreifen. In ihren menschlichen Gefühlen, Gedanken und Handlungen soll sich das ausdrücken, von Inkarnation zu Inkarnation.

Engelseelen haben daran keinen Anteil. Sie gehen einen anderen Weg durch die Inkarnationen, um zurückzukehren ins Herz Gottes. Ihr Weg ist aufgabenorientiert. Über das Einbringen ihrer engelgleichen Schwingung und die damit verbundenen Aufgaben erhalten sie die Möglichkeit, den göttlichen Traum zu erfüllen.

Damit das gelingt, haben Engelseelen noch nicht einmal einen stark ausgeprägten Willen, fast kein Ego und diesbezüglich aus menschlich-irdischer Sicht fast kein Profil. An sich selbst zu denken ist ihnen nicht wichtig, und es macht ihnen auch nichts aus. Sie leiden nicht darunter, sondern freuen sich, wenn sie ihren Auftrag gut erfüllen können. Dienende, fröhliche Selbstlosigkeit beschreibt am ehesten ihr Denken, Fühlen und Handeln.

Engelseelen fühlen sich erfüllt, wenn sie Freude bereiten können. Das stärkt sie körperlich und seelisch.

Das hat mit Aufopferung überhaupt nichts zu tun und darf nicht verwechselt werden mit den typisch menschlichen Machtspielen. An diesen Machtspielen haben Engelseelen ebenso keinen Anteil. Als Mensch ist ihnen zwar bewusst, dass diese Machtspiele auf der Erde zum Alltag gehören, aber sie fühlen sich diesbezüglich nicht berührt davon, um selbst auf diese Weise zu agieren, auch wenn es sein kann, dass eine Engelseele einfach so in ein Machtspiel involviert wird. Dann wird sie zum Spielball der wirkenden Kräfte und gerät mitunter in das Fahrwasser der Manipulation.

Vom Wesen her ist ihr Weg aber stets der Weg der Freude und des fröhlichen Miteinanders.

Engelseelen leiden, wenn man ihnen weismacht, dass mit ihnen etwas nicht in Ordnung ist, wenn sie nicht für sich selbst dastehen, sich nicht selbstbewusst entfalten wollen und keine Anerkennung einfordern. Ihnen wird suggeriert, dass sie voller Minderwertigkeitskomplexe und manipulierbar wären, sich aufopfern, keinen gesunden Egoismus besitzen und kein Durchsetzungsvermögen haben. Das verwirrt sie, macht sie schwach und krank und lässt sie erlahmen auf ihrem Weg durchs Leben.

Engelseelen aber können nicht mit Maßstäben gemessen werden, die Erdenseelen entspricht. Sie haben zwar einen menschlichen Körper, der alle Bedürfnisse hat, die ein Mensch so hat, aber ihre Seele braucht einen anderen Weg durchs Leben. Deshalb leben Engelseelen als Menschen immer im Spannungsfeld der Persönlichkeitsentfaltung und Selbstverwirklichung, die ihr Mensch-Sein im irdischen Dasein und den völlig andersartigen Bedürfnissen ihrer Seele erfordert, Dienende zu sein. Erst wenn sie diesbezüglich wieder ganz zu sich selbst finden, den Zwiespalt als solchen annehmen und beide Bedürfnisse im Leben integrieren, haben sie wieder Kraft für ihren Lebensauftrag.

Engelseelen erhalten jetzt die Möglichkeit, sich über dieses Buch an ihren Ursprung aus der Engelschwingung zu erinnern.

Engelseelen sollen wissen, dass sie Engelseelen sind. Und sie sollen wissen, dass sie in Ordnung sind so, wie sie sind.

Das Erinnern hilft, dass Engelseelen ihren Auftrag bewusst und aktiv ausführen können und genügend Energie erhalten, diese Inkarnation stark und kraftvoll zu erleben. Denn kraftvolle Engelseelen werden jetzt mehr denn je gebraucht.

Ein Austausch zwischen inkarnierten Engelseelen macht ebenfalls Sinn, ist aber nicht zwingend notwendig. Wenn Engelseelen wissen, dass sie Engelseelen sind, dann reicht ihnen das meistens. Einzig und allein der Auftrag zählt, der dieses Leben als eine der wichtigsten Lebensaufgaben begleitet. Engelseelen wirken direkt dort, wo sie sind. Deshalb ist es wichtig, dass der gesamte Globus von Engelseelen unterwandert wird. Es ist nicht vorgesehen, dass sich alle Engelseelen an einem Ort einfinden, um zusammen zu wirken.

Wichtig ist das praktische Wirken vor Ort. Engelseelen geben anderen Menschen Hilfe zur Selbsthilfe. Sie sind deshalb auch keine reinen Energiearbeiter, die ihre medialen Fähigkeiten ausleben. Stattdessen geben und gewährend sie aktive Hilfe. Sie organisieren Aktionen, stellen Hilfsprogramme auf die Beine, führen Gespräche und ziehen für andere wichtige Projekte an Land. Sie sind wahre Engelseelen im Menschenkörper auf Erden und manchmal im engsten Familienkreis tätig, was völlig ausreichend ist. Damit sind sie auch zufrieden und streben nicht nach „Mehr", nach Karriere oder Aufstieg. Sie wirken einzig durch ihr Dasein und ihre Handlungen heilsam und richtungsweisend. Manche von ihnen tun das im größeren Rahmen, andere einzig und allein innerhalb der Familie.

Bist du eine Engelseele?

Du wirst vielleicht schon ahnen, dass auch du zu den Engelseelen gehörst, sonst hätte es dich nicht so vehement zu diesem Buch gezogen.

Bitte mache dir noch einmal deutlich, dass jede Seele dasselbe Potenzial in sich trägt und göttliches Bewusstsein ist. Solltest du feststellen, dass du nicht zu den Engelseelen gehörst, dann ist das nicht weiter schlimm. Denn alles ist gut so, wie es ist. Vielleicht erkennst du eine Engelseele innerhalb deiner Familie oder deines Freundeskreises. Dann kannst du dieses Buch weiterempfehlen. Denke daran, dass Engelseelen in menschlicher Gestalt genau wie du mal jemanden zum Zuhören brauchen. Du kannst dazu beitragen, dass die Engelseele an deiner Seite ihren Auftrag kraftvoll und stark ausführen kann, sich gesund und wohlfühlt und weiterhin für dich und andere da sein kann. Schenke ihr deine Zeit, deine Aufmerksamkeit und Liebe. Sie wird es dir von Herzen danken.

Wenn du feststellst, dass du eine Engelseele bist, dann nimm dir Zeit für dich, um dir bewusst zu machen, wie wertvoll deine Aufgabe auf der Erde ist. Entspanne dich und mache dir keinen Stress, indem du dich verpflichtest fühlst, dich selbst zu verwirklichen, Karriere zu machen, bessere Chancen wahrzunehmen, mehr Willenskraft zu entwickeln oder deine Seele zu entfalten.

Du musst deine Seele nicht auf die klassisch irdische Weise entfalten, wie es für Erdenseelen gut und richtig ist.

Entspanne dich als Engelseele in Menschengestalt und schöpfe aus dem Wissen über die Engelseelen neue Kraft und Freude für dein tägliches Tun.

Als Engelseele bringst du alles mit in die Welt, was im Augenblick gebraucht wird. Deine medialen Wahrnehmungen sind sowieso gut entwickelt, auch wenn sie dir nicht wichtig erscheinen, weil du niemals mit ihnen angibst, sondern eher zum Understatement neigst. Sei stolz auf deine Bescheidenheit und erhole dich.

Du erhältst hier wertvolle Tipps, um dich daran zu erinnern, wie du kraftvoll bleibst und deine dauernden Erschöpfungszustände, Schlaflosigkeit, Unwohlsein, depressiven Schübe, Melancholie und den immer wieder auftretenden spirituellen Burn-out überwindest. Wie alle Lichtarbeiter bist besonders du als Engelseele schwankenden Emotionen und manchmal einer nicht ganz so stabilen Gesundheit ausgesetzt.

Solltest du dich fragen, auf welche menschlich-irdische Weise erkennbar ist, dass du eine Engelseele bist, dann spüre einmal in die folgenden Formulierungen herein. Diese „Erkennungsmerkmale" im Alltag sind nur ein Leitfaden, um dich besser einschätzen zu können. Viele individuelle Merkmale kommen natürlich hinzu, denn im menschlichen Körper ist jeder Mensch einzigartig und individuell, und niemand ist perfekt. Jeder Mensch macht Fehler. Jeder Mensch trifft auch mal falsche Entscheidungen. Jeder Mensch benimmt sich auch mal daneben, handelt unvorsichtig und gegen seine innere Überzeugung und innere Stimme. All das ist menschlich und gehört zum irdischen Leben. Es schließt jede Seele mit ein, auch die Engelseelen. Engelseelen sind deshalb keine Gutmenschen oder bessere Menschen. Sie sind auch keine Vorbilder, keine Leithammel, keine Missionare und Weltverbesserer. Ihr Einsatz ist direkt, bescheiden, manchmal sehr spontan und situationsbezogen.

Hier nun einige Alltagsmerkmale von Engelseelen:

- Engelseelen suchen immer nach Möglichkeiten, andere Menschen an erfolgreichen, kreativen und vielversprechenden Projekten teilhaben zu lassen. Gibt es offensichtlich keine Möglichkeiten, andere profitieren zu lassen, dann erfinden sie Möglichkeiten, damit wirklich möglichst viele Menschen profitieren können. Sie suchen also bewusst nach Chancen, die vielen Menschen dienen, und setzen sich ein, um diese Chancen in die Wirklichkeit zu bringen.
- Engelseelen wollen alles teilen. Sie würden ihr letztes Hemd geben und sehnen sich danach, auch schöne Erfahrungen zu teilen und anderen zu gewähren. Sie erstreben nichts für sich allein, sondern wünschen sich von Herzen, so viel Wunderbares wie möglich vielen Menschen zugänglich zu machen. Wenn sie etwas Wunderbares erleben und es nicht teilen können, fühlen sie sich niedergeschlagen. Dann fehlt ihnen etwas, ein Gefühl von Leere und Sinnlosigkeit entsteht.
- Engelseelen spüren sofort, wenn sich jemand angespannt oder schlecht fühlt. Sie sind durch und durch empathisch, können alles erfühlen, erspüren, erahnen, sehen, hören und wissen. Dann suchen sie nach Wegen, für diesen Menschen da zu sein, auch wenn es ein Fremder sein sollte, den sie gar nicht kennen. Sie suchen dann nach einem wenig offensichtlichen Weg, der den anderen in eine bessere Stimmung versetzt, ohne dass sich der andere „outen" muss oder gar merkt, dass bei ihm etwas transformiert wird.
- Engelseelen lassen bewusst liebevolle, harmonische Worte einfließen, wenn sie merken, dass gleich die Stimmung

innerhalb einer Gruppe von Menschen oder bei einer einzelnen Person kippen kann. Sie intervenieren dann bewusst diplomatisch, ausgleichend und transformierend.

- Engelseelen überlegen permanent, wie sie anderen Menschen eine Freude bereiten und dazu beitragen können, dass sich andere besser fühlen oder aus ihrem „negativen Loch" herauskommen. Dazu lassen sie sich auch immer wieder kleine Überraschungen einfallen. Sie investieren sehr viel Zeit und Aufmerksamkeit in die Bedürfnisse anderer, wenn es um Heilung, Wohlgefühl und Harmonie geht. Sie selbst sind dabei nicht ausgeschlossen, denn diese Tätigkeiten bereiten ihnen Unmengen Spaß und Freude. Sie sind Sinn ihres Daseins. Freude zu bereiten und miteinander zu teilen, schenkt ihnen absolute Erfüllung.

- Engelseelen verschenken gerne Dienstleistungen, Dinge, liebe Worte und Überraschungen, um andere Seelen tief zu berühren. Sie machen das immer diskret und ohne darauf zu achten, dass sie selbst etwas zurückerhalten. Das Schenken selbst macht ihnen so sehr Freude, dass es das schönste Geschenk für sie ist zu sehen, wie andere berührt werden. Sie wissen zudem, dass das göttliche Universum für Ausgleich sorgen wird, so oder so. Sie investieren also nicht nur Zeit, sondern auch einen Teil ihres Geldes in die eigene und die Freude anderer Menschen. Zum Wohl aller.

- Engelseelen wissen, dass sie liebende Engel um sich haben, immer! Engel begleiten sie, seit sie denken können, und sind fester Bestandteil ihres Lebens, ohne dass sie sich darum bemühen müssen. Der Kontakt zu der Ebene der feinstofflichen Engel ist immer irgendwie da.

- Engelseelen denken immer global und daran, wie ihr Tun und Denken der Gemeinschaft zugutekommt und möglichst viele Menschen berührt. Sie leben in einem Bewusstseinszustand der „Wir-Verbundenheit" und „göttlichen Einheit". Das Prinzip von Einheit und Liebe ist in ihnen immer aktiviert. Sie empfinden sich deshalb nicht nur als Volk oder als Gruppe, auch nicht nur als Weltenbürger, sondern als göttliche Geschöpfe des gesamten Universums. Sie sehen das gesamte Universum als Zuhause an, wissen aber dennoch, dass sie sich mit Hilfe ihrer Talente stets regional irdisch einsetzen. Geistig aber sind sie stets mit allem verbunden. Abgrenzungen, Gruppenzugehörigkeiten, Gruppenzwänge empfinden sie als sinnlos. Entsprechend haben sie kein nationales Ich-Bewusstsein, sondern ein universelles Wir-Bewusstsein. Den Gedanken, dass alles im Grunde eins ist, tragen sie in allen Lebenslagen mit sich, auch wenn sie selbst in einer Krise oder Krankheit stecken.

- Engelseelen können Ungerechtigkeiten jeglicher Art sehr vehement wahrnehmen und versuchen, diese Energieströmungen in Liebe zu erlösen. Gewalt, Krieg und Kampf lehnen sie als Mittel der Veränderung komplett ab. Auch passiver Widerstand ist nichts für sie. Sie entziehen sich diesen Machtmitteln der Menschheit und beten stattdessen um Frieden und Liebe. Sie suchen nach kreativen Lösungswegen, die dem Wohl aller dienen.

- Engelseelen wirken auf andere manchmal wie Helfer, Opfer, Schwächlinge, Menschen ohne eigene Meinung und ohne Ambitionen. Sie wirken wie Langweiler, denn in den Zwischenzeiten leben sie normal und zufrieden vor sich hin, erledigen ihre Alltagstätigkeiten, meistens ohne Murren und Klagen, und verhalten sich zum Teil sogar sehr spießig und angepasst. Erst wenn eine neue Chance innerhalb ihres Engelauftrags wahrgenommen werden soll, übernehmen sie die Führung, setzen sich ein, stellen die Weichen, fungieren wie Manager und zeigen volles Engagement. Diese Diskrepanz zwischen normalem Alltag und plötzlicher Einsatzbereitschaft verwundert und irritiert andere Menschen manchmal sehr.

- Engelseelen sind fast immer scharfsinnige Denker und tiefgründig. Aber sie stellen ihr Wissen und ihre Weisheit niemals zur Schau, sondern kaschieren sie oft hinter einer vordergründig langweiligen, biederen Normalität.
- Engelseelen stechen nicht aus der Masse der Bürger heraus, es sei denn, ihr Einsatz erfordert es. Manche Engelseelen besitzen deshalb eine herausragende und auffällige Erscheinung als Mann oder Frau oder kleiden sich sehr eigenwillig, verhalten sich aber ansonsten ruhig und angepasst und agieren hauptsächlich im Hintergrund.
- Wenn Engelseelen einen Fehler machen oder eine falsche Entscheidung treffen, dann berührt sie das sehr stark in der Seele. Ihr Gewissen meldet sich sofort, und manchmal brauchen sie sehr lange, um diese Situation zu verarbeiten. Sie sind diesbezüglich Perfektionisten, die möglichst wenig Spuren und Karma hinterlassen wollen, auch wenn sie wissen, dass dies im menschlichen Einsatz unmöglich ist.
- Engelseelen erspüren Stimmungen jeglicher Art. Sie können mit allen Stimmungen in Resonanz gehen und freuen sich mit anderen Menschen, wenn es ihnen gut geht und sie glücklich und zufrieden sind. Neid und Missgunst sind ihnen völlig fremd. Stattdessen frohlocken sie innerlich, wenn an-

dere Menschen mit Freude ihren Lebensweg beschreiten. Das zu erleben verstärkt ihr Gefühl, den Sinn des eigenen Lebens erfasst zu haben und Erfüllung zu finden.
- Engelseelen tragen Fragmente von Erinnerungen in sich, die ihren Einsatz in anderen Ebenen des Seins spiegeln. Oft sind sie verwundert über diese Selbstwahrnehmungen, die sie nicht einordnen können und die völlig fremd erscheinen. Die Erinnerungen stammen von ihren Einsatzorten im gesamten Universum in allen feinstofflichen oder grobstofflichen Ebenen und werden ohne Hypnose oder Rückführung offenbart. Sie sind dann einfach da wie ein Flash-Back. Engelseelen erinnern sich aber auch an „ausgeliehene" Daseinsfragmente. Das geschieht immer dann, wenn eine Erinnerung für den Lebensauftrag wichtig ist, sei es eine eigene oder eine „fremde", die von einem anderen Geschöpf stammt.
- Durch die unterschiedlichen Erfahrungen im Universum tragen Engelseelen von Anfang an viel Wissen und eine große Weisheit in sich. Alles, was sie vor allem an spiritueller Weisheit erfahren, scheint ihnen bekannt zu sein. Es gibt diesbezüglich kein neues Wissen für sie, nur den „Aha-Effekt", wenn etwas wieder in ihrem Bewusstsein auftaucht.
- Engelseelen haben manchmal Schwierigkeiten mit der Definition der Selbstliebe. Denn die Selbstliebe ist für sie nicht an die Erfüllung persönlicher Wünsche gebunden, auch nicht an das Ziel der individuellen Selbstverwirklichung und individuellen Seelenreifung. Und auch nicht an das ständige Arbeiten am Selbst oder am Entfalten des Selbstbewusstseins. Tief in ihrem Inneren empfinden sie Selbstliebe als Vereinigung von Allem-was-ist, um dieses All-Eine mit auf

den Weg des Miteinanders zu bringen. Nächstenliebe und Selbstliebe sind für sie eins und untrennbar miteinander verbunden. Und dann fühlen sie sich wohl, wenn sie dies so definieren können.

- Engelseelen lieben liebevollen Einsatz im Alltag. Zum Beispiel lassen sie in einer Schlange an einer Kasse immer jemanden vor, wenn dieser nur zwei oder wenige Sachen in der Hand hält. Tun sie das nicht, weil sie meinen, sie müssten jetzt ihr vermeintliches Ego durchsetzen, dann haben sie sofort ein schlechtes Gewissen und wissen, dass es ihrem inneren Auftrag widersprochen hat.
- Engelseelen stehen in öffentlichen Verkehrsmitteln immer auf, wenn jemand einen Platz sucht, der bedürftig oder älter aussieht.
- Engelseelen schauen nicht weg, wenn unterwegs jemand Hilfe braucht. In diesen Momenten gehen sie aus sich heraus und treten stark und kompetent in den Vordergrund. Danach ziehen sie sich wieder zurück. Lobeshymnen nehmen sie zwar dankend an, aber es ist ihnen lieber, wieder in der Normalität „unterzutauchen".
- Engelseelen missionieren niemals und lassen die Menschen so, wie sie sind. Sie sind weder belehrend, noch stellen sie besserwisserische Ideen zur Schau, sind leistungsorientiert oder wollen anderen ihren Willen aufzwingen. Diesbezüglich reagieren sie völlig gleichgültig, was andere Menschen sehr verwundern kann. Ob ihr Partner sich wenig spirituell verhält, ihre Kinder Träumer sind und sich für andere Sichtweisen interessieren – es stört sie nicht. Sie wollen niemanden verändern. Natürlich nehmen sie wahr, wenn das Zimmer unordentlich ist, der Müll herumliegt, der Fernse-

her permanent läuft, der Partner schlecht drauf ist und der Alltag nicht so glatt läuft, wie gedacht, aber sie machen kein Drama daraus. Sie äußern sich in aller Ruhe, aber nie so, dass der andere das Gefühl hat, mit Vorwürfen überrollt zu werden. Es wird stets im Miteinander nach kreativen Lösungen gesucht.

Von den Schattenseiten aus betrachtet:

- Engelseelen lassen sich gerne ausnutzen, sie wollen es immer jedem Recht machen und möglichst für viele Seelen da sein, zum Teil auch dann, wenn diese Aufgabe gar nicht zu ihrer Lebensaufgabe gehört. Ihr Dasein und liebevolles Verhalten fordert viele andere Seelen heraus, die Engelseele für ihre eigenen Bedürfnisse zu manipulieren und vom eigentlichen Seelenauftrag der Engelseele abzubringen. Das verhindert dann bei anderen Seelen das Seelenwachstum und hemmt die Engelseele sehr, weil sie ihre Kraft verschwendet und nicht wirklich ihrem eigentlichen Seelenauftrag folgen kann.
- Engelseelen überarbeiten sich immer wieder, gehen über ihre körperliche, geistige und seelische Belastbarkeit hinaus. Es fällt ihnen schwer, Nein zu sagen, unfreundlich zu reagieren, Arbeit abzulehnen und sich um sich selbst zu kümmern.
- Engelseelen können das irdische Leben nicht genießen, sind keine Genussmenschen und geraten dadurch oft in die Isolation. Da sie mit den menschlichen Vergnügungen nichts anfangen können, bleibt ihnen nur wenig, um sich im Leben wohlzufühlen, zu entspannen und Stress abzubauen. Oft sind sie Einzelgänger oder eingebunden in ihr Tätigkeitsfeld im Kreis der Mitmenschen, die ihren Einsatz willkommen

heißen, aber der Engelseele mit wenig Verständnis entgegenkommen. Deshalb fühlen sich viele Engelseelen von ihrer Umwelt unverstanden, selbst von ihren Lebenspartnern, ihrer Familie oder Freunden.

- Engelseelen geraten sehr schnell in Stress durch das irdische Leben, bekommen flatternde Nerven und fühlen sich wie ausgelaugt. Da sie so gar keine eigenen Wünsche äußern und kennen (weil dies ihrem Wesen nicht entspricht), wissen sie auch nicht, was sie tun können, um sich besser zu fühlen. Andere sind dann schnell von ihnen genervt, weil sie im „Stress-Modus" nicht mehr so funktionieren wie bisher.

- Engelseelen nehmen alles wahr, gehen mit allem in Resonanz und sind phasenweise völlig überfordert mit den gewaltigen Eindrücken und Dateninformationen, die in ihnen verarbeitet werden wollen.

- Engelseelen verfolgen manchmal stur und sehr zielstrebig ihren Auftrag, als gelte es, so schnell wie möglich fertig zu werden, um die Irdische Inkarnation verlassen zu können. Denn sie erkennen zwar die Erde als göttliches Paradies an, weil alles göttlichen Ursprungs ist, aber sie wissen tief im Inneren, dass es andere Daseinsformen gibt, die nicht auf dem Prinzip „Fressen und Gefressen-Werden" basieren. Dieses Prinzip des Tötens ist allen Engelseelen zuwider.

- Engelseelen sind anfällig für Erkrankungen des Nervensystems, stehen manchmal körperlich unter Druck, können nicht abschalten, fühlen sich wie getrieben, schlafen schlecht und haben das Gefühl, ihren Auftrag nicht gut und richtig zu erfüllen.

- Engelseelen langweilen sich sehr viel, vor allem dann, wenn sie die Spur ihres Auftrags verloren haben und mit ihrem

Leben nichts anfangen können. Sie neigen dann dazu, sich spirituell ausgelaugt zu fühlen, bekommen Depressionen und leiden unter Burn-out-Symptomen.

- Engelseelen nehmen alles wahr, gehen mit allem in Resonanz, sind ständig mit „Gott und der Welt" verbunden. Diese „Gabe" bereitet mitunter nur Stress, auch wenn die Kraft da ist, alles wieder zu harmonisieren und zu transformieren.
- Die typisch irdischen Möglichkeiten der Entspannung bringen ihnen nur wenig. Sie müssen stets eigene Wege suchen, um sich wieder wohlzufühlen, und sind dadurch dem Spott und dem Unverständnis der Mitmenschen ausgesetzt.
- Engelseelen reagieren oft hypersensibel auf herkömmliche Medikamente und auch auf Pflanzenmedizin und Naturheilkunde. Selbst homöopathische Mittel sind bei ihnen oft wirkungslos. Auch hier benötigen sie eigene Wege und können manchmal nur von anderen Engelseelen verstanden und begleitet werden.

Besonderheiten der Engelseelen

Engelseelen sind immer angebunden an die Engelschwingung, in welcher Inkarnation sie sich auch gerade befinden. Diese Engelschwingung wirkt permanent in ihnen, beeinflusst ihr Denken, Fühlen und Handeln. Dennoch würden sie es nicht gut heißen, wenn jemand in ihnen den Engel sieht. Sie wollen weder zum Guru gemacht werden, noch zum Lichtbringer, Erretter oder Erlöser.

Würde das jemand in ihnen sehen, würden sie sich peinlich berührt winden, als wäre ihre Tarnung aufgeflogen. Sie wären weder geschmeichelt, noch angetan von dem Gedanken, in die Rolle eines erkennbaren Engels auf Erden schlüpfen zu müssen, die eventuell mit einer immensen Erwartungshaltung, Verspottung oder Anbetung einhergehen würde.

Engelseelen wirken heimlich, still und leise und selten so, dass die anderen mitbekommen, was da soeben geschehen ist. Und genau dieses Wirken macht sie so glücklich und entfacht in ihnen pure Lebensfreude.

Es ist deshalb gut, wenn die Engelseele ihr Wissen für sich behält und nur dann äußert, wenn die Situation es erfordert und ein konkreter Einsatz ansteht.

Da Engelseelen schon überall im Universum stationiert waren, tragen sie eine Fülle an Informationen mit sich. Diese Informationen können als Träume, Rückblicke oder plötzliche Visionen und Eingebungen zum Vorschein kommen. Für einige Engelseelen ist es sehr verwirrend, wenn plötzlich Fragmente einer völlig fremd wirkenden Erinnerung auftauchen, die nach Erklärung rufen, aber begrenzt durch das menschliche Gehirn nicht vollständig erfasst werden können.

Engelseelen leiden manchmal sehr unter diesen seltsamen Informationsflüssen, die nicht immer angenehm sind, schon gar nicht dann, wenn die Inkarnationen anstrengend waren.

Sie haben zudem Zugang zu allen Informationen, die im Bewusstsein aller Seelen gespeichert sind, und zum gesamten göttlichen Bewusstsein, resultierend aus ihrer Schöpfungsintention, die dem Aufgabenbereich der Engelseelen entspricht.

Im Grunde hat jede Seele die Möglichkeit, das gesamte göttliche Bewusstsein auch über alle Daseinszustände – grobstofflich oder feinstofflich – abzurufen.

Das kann man sich so vorstellen, als ob Gott alles, was er träumt, auch im holografischen Bewusstsein der einzelnen Seelen speichert. Gott projiziert seinen göttlichen Traum komplett in seine Geschöpfe. Alles ist schließlich Abbild Gottes, auch jedes Detail des Traums.

Nur können die einzelnen Seelen und auch der einzelne Mensch im Grobstofflichen nicht immer auf den Speicher zugreifen. Das ist auch gut so, denn das menschliche Gehirn wäre völlig überfordert mit der Datenmenge. Die grobstoffliche Existenz schützt die Geschöpfe vor zu viel Input. Engelseelen werden dennoch – anders als rein irdische Seelen – mit Datenmengen und Informationen versorgt, die oft mehrdimensional in ihrem Gehirn auftauchen und verarbeitet werden müssen.

Alle Engelseelen spüren das sowieso ständig. Ihr Nervensystem ist permanent an der Grenze der Belastbarkeit. Bei vielen Engelseelen ist der Gehirnstoffwechsel nicht optimiert auf den Datenfluss vorbereitet. Sie leiden deshalb hin und wieder besonders an Migräne, depressiven Schüben, Überforderung, ADHS, Schlafstörungen und anderen Beeinträchtigungen, die, rein grobstofflich betrachtet, mit fehlenden Botenstoffen im

Gehirn zu tun haben. Kommen noch die typisch irdischen körperlichen Beschwerden hinzu, wie zum Beispiel ein hormonelles Ungleichgewicht im Körper, dann verschlimmern sich die Symptome gravierend. Engelseelen wie auch Sternenseelen können gleichzeitig als Mensch denken, sich selbst beim Denken beobachten und darüber nachdenken, was sie gerade denken. Ebenso erfassen sie gleichzeitig auf sie einströmende Datenfrequenzen und Informationen aus allen möglichen Bereichen des Seins. Vorteil ist, dass sie mit diesen Möglichkeiten optimal ihren Aufgabenbereich erfüllen können. Sie sind Querdenker, Erfinder, Datenübermittler, Transformateure, Boten, Begleiter und Türöffner in einem. All das können sie auf eine geniale Weise miteinander verknüpfen, wenn es sinnvoll erscheint. Aber auf Dauer kommt Stress auf, wenn nicht ausreichend Erholungsmöglichkeiten geschaffen werden.

Irdischen Seelen, also Erdenseelen, die hauptsächlich auf der Erde inkarnieren, wird meistens ausschließlich die Erinnerung an die irdischen Inkarnationen gewährt, wenn es zu einer Rückführung kommt. Sie speichern das Wissen ihrer irdischen Erlebnisse – und fertig. Da im Irdischen sowieso das Vergessen an erster Stelle steht, benötigt es fast immer Rückführungsmethoden, um dieses Wissen bewusst zu machen. Manche Menschen erinnern sich aber auch einfach so im Alltag, erhalten Visionen oder träumen davon. Sie benötigen keine komplizierten Rückführungsmethoden. Die Möglichkeiten, die Speicherquellen des Bewusstseins anzuzapfen, nehmen jetzt immer mehr zu, sodass es bei vielen Menschen zu spontanen Eingebungen, Erinnerungen, Visionen und medialen Wahrnehmungen kommt.

Engelseelen haben von vorneherein mehr Möglichkeiten, sich bewusst zu erinnern. Das geschieht schon im Kindesalter. Die Engelseele erhält dann spontan Einblick in alle Dimensionen und Zeitebenen des Daseins. Sie kann prinzipiell das ganze göttliche Bewusstsein der gesamten Schöpfung abrufen.

Doch das ist kein Vorteil und tut der Engelseele nicht gut, sondern sollte in richtige Bahnen gelenkt werden. Denn als Mensch mit einem klassisch irdischen Gehirn stößt die Engelseele mitunter sehr schnell an ihre Grenzen und fühlt sich dann tatsächlich völlig überfordert.

Stell dir vor, du erhältst immer wieder Informationen, sei es im Traum oder während eines Gesprächs, und bist eingeklinkt in eine Erinnerung oder eine künftige Vision von irgendeiner Seele irgendwo im Universum. Dein menschliches Hirn rotiert.

Das ist auch der Grund, warum viele Engelseelen unter ihrer Medialität leiden. Sie empfinden es nicht als hilfreich, ständig alles zu wissen und eingebunden zu sein in das gesamte Bewusstsein der Schöpfung. Während andere Menschen danach lechzen, sich medial weiterzuentwickeln, kostet jegliche unkontrollierte Medialität die Engelseele nur Kraft. Die Engelseele ist erschöpft, erschlagen, überfordert und hilflos, denn sie kann nicht überall sein. Wie schon erwähnt, begleiten dann Migräneschübe, Kopfschmerzen, Depressionen, Erschöpfungszustände, Nervosität und Schlafstörungen diese Tatsachen auf körperlicher Ebene.

Engelseelen können darüber hinaus sämtliche Abbilder der Schöpfung in sich selbst projizieren und produzieren. Das heißt, dass ihr Körper ein kompletter Resonanzkörper ist für alles, was innerhalb der gesamten Schöpfung vor sich geht.

Solange die Engelseele auf der Erde inkarniert ist, projiziert sie vornehmlich Irdisches in sich und geht damit in Resonanz. Das schützt sie einigermaßen, um nicht alles aus der gesamten Schöpfung wahrnehmen zu müssen.

Aber auch das ist schon anstrengend genug. Jegliche Katastrophe, jeder Krieg, jedes Ungleichgewicht auf der Erde am eigenen Leib zu erfahren, ist der pure Stress.

Der alte Lehrsatz „Es kann nur mit einem in Resonanz gehen, was in einem selbst noch nicht erlöst ist oder im Augenblick sehr wichtig ist und auf der gleichen Wellenlänge schwingt", macht für Engelseelen keinen Sinn. Sie gehen mit allem in Resonanz. Sie sind die anpassungsfähigsten Seelen der Schöpfung und werden deshalb auch in geheimer Engelmission im Universum eingesetzt. Sie gleichen sich an wie Chamäleons, nehmen alles in sich auf, bearbeiten und transformieren alles. Sie können prinzipiell mit allem in Resonanz gehen, mit Freudigem wie mit Leidvollem.

Um das immer wieder kraftvoll bewerkstelligen zu können, benötigen Engelseelen viel Energie, sonst sind sie ständig geschwächt, krank, müde und erschöpft.

Ein besonderes Merkmal jeder Engelseele ist, dass sie fast gar keinen eigenen Willen hat und zufrieden ist mit dem, was sie ist und hat. Fragt man sie, was sie persönlich will, zuckt sie meistens mit den Schultern, weil sie zufrieden ist mit dem, was ist. Noch mehr Anerkennung, ein toller Beruf, eine interessante Aufgabe im Leben, ein spezielles Hobby, ein materieller Wunsch, ein Urlaubsziel, eine neue Herausforderung – all das ist der Engelseele nicht wichtig. Es langweilt sie.

Nicht zu wissen, was sie wollen, keine Wünsche zu haben und von allem gelangweilt zu sein, was nicht ihrer Seelenaufgabe entspricht, ist ein typisches Erkennungsmerkmal der Engelseelen. Sobald eine Tätigkeit ihrer Seelenaufgabe entspricht, ist die Engelseele völlig begeistert davon, weiß, was sie will, und unternimmt die richtigen Schritte zur Erfüllung dieser Aufgabe. Dann ist sie mehr als zufrieden. Sie ist glücklich.

Von allen Seelen kann sie dann das Leben im Hier und Jetzt am besten ertragen, ohne sich dafür anstrengen zu müssen, wenn sie ihrem Seelenpfad folgt und die Aufgaben ihrer Engelschwingung erfüllt. Das verwundert andere Menschen manchmal völlig. Jemand, der mit kleinen Details zufrieden ist, nichts Neues fordert, sich über Kleinigkeiten freut, keine Ambitionen hat in Richtung Erfolg und dennoch plötzlich völlig innovative Ideen entwickelt und sie zielgerichtet ausführt, wenn es sein soll – das irritiert andere sehr. Engelseelen erscheinen anderen Menschen nicht selten als launische Mitbürger, die zwischen totaler Langeweile und vollem Einsatz ihr Leben meistern.

Die Engelseele kennt keine egoistischen Motive, um etwas zu erreichen, was nur ihr persönlich dienlich und nur zu ihrem eigenen Wohl ist. Die Befriedigung persönlicher Wünsche macht sie nicht glücklich, sondern langweilt sie. Es ist öde, sich nur für sich selbst zu interessieren. Sie leidet aber manchmal darunter, anders zu sein, als es der Trend vorgibt. Wenn sie im Gleichgewicht ist und ihrem Seelenauftrag folgen kann, dann interessiert es sie nicht, wenn andere sie deshalb komisch ansehen.

Die Engelseele passt sich fast immer dem Umfeld an. Auf andere wirkt sie profillos, allzu glatt, ohne Ecken und Kanten und fast schon unheimlich. Diese einfühlsame Empathie ist für viele andere Seelen gewöhnungsbedürftig. Die Engelseele übernimmt komplett die Schwingung, die sie vorfindet und in der sie wirken soll. Dann bringt sie durch ihr Tun Ordnung in die Schwingung und bewirkt bei den ihr anvertrauten Menschen Heilung, Klarheit, Seelenentwicklung. Wenn ihr das gelingt, ist sie zufrieden und glücklich. Ihr Leben hat dann seinen Sinn erfüllt. Das macht ihr nicht nur Spaß, sondern erfüllt sie mit Seligkeit und der Gewissheit, dass ihr Leben so läuft, wie es laufen soll.

In den Ohren vieler Menschen klingt das wirklich entsetzlich. Es klingt nach Abhängigkeit, Selbstaufgabe, einer Opferhaltung, mangelndem Selbstbewusstsein und einem ausgeprägten Helfersyndrom. Aber genau das Gegenteil ist der Fall. Engelseelen geben sich als Mensch nicht auf, sondern gehen unbeirrt ihren Weg. Sie haben auch kein Helfersyndrom, um zu erleben, was für tolle Menschen sie sind. Das interessiert sie nicht. Stattdessen greifen sie nur ein, wenn es sein soll. Sie erfüllen einen göttlichen Auftrag, so, wie er sich am besten erfüllen lässt, und helfen auch nicht um des Helfens Willen, damit sie sich selbst beweisen können oder Anerkennung erhalten. Das alles ist nicht relevant. Engelseelen sind völlig pragmatisch, was ihren Auftrag anbelangt. Dieser Auftrag wird erfüllt, indem angepackt und vorangeschritten wird. Zögern, zaudern, allzu langes Nachdenken oder Abwägen bringt nichts, und das spüren Engelseelen. Sie hören zu, öffnen Türen und Tore, weisen auf Möglichkeiten hin und begleiten andere Menschen ein Stück auf ihrem Lebensweg. Ist der Auftrag erfüllt, wechseln sie das Feld und den Einsatzbereich sowie manchmal auch den Ort.

Engelseelen im menschlichen Körper haben deshalb oft einen sehr regen Verstand, sind sehr scharfsinnig und gute Beobachter. Sie nehmen alles wahr und koordinieren blitzschnell, um zu erkennen, welche Weiche jetzt wie gestellt werden muss. Es ist schon erstaunlich, wie schnell und geschickt sie manövrieren, organisieren und verknüpfen können. Mit Herz und Hand erkennen sie den richtigen Zeitpunkt und setzen dann zur Handlung an. Die Chancen werden genutzt zum Wohl des Personenkreises, für den sie jetzt etwas tun können. Deshalb sind sie stets tatkräftig bei der Sache. Sie können zupacken, etwas bewegen und körperliche wie seelische Kräfte freisetzen. Zart besaitet sind sie diesbezüglich nicht. Wenn es darum geht, ihrer Lebensaufgabe zu folgen, setzen sie alle Hebel in Bewegung und greifen mit beiden Händen fest zu.

Engelseelen haben nie das Gefühl, selbst zu kurz zu kommen, wenn sie ihre Lebensaufgaben erfüllen. Wie wir schon gehört haben, ist ihnen Neid und Missgunst fremd. Sie freuen sich, wenn möglichst viele Menschen von dem profitieren, was in die Wege geleitet wurde. Sie ärgern sich höchstens, wenn ihnen eine Chance durch die Lappen gegangen ist, aus welchen Gründen auch immer. Aber sie legen absolut keinen Wert auf Bewunderung, Karriere, Anerkennung und das Gefühl, unbedingt in den Mittelpunkt gestellt zu werden. Sie sind weder geltungssüchtig, noch trumpfen sie auf oder posaunen heraus, was für ein toller Hecht sie sind. Sie brüsten sich nicht mit ihrer Leistung, wenn sie Ordnung schaffen, die Weichen neu stellen oder sich für neue Projekte einsetzen, die vielen Menschen Nutzen bringen.

Das Gefühl der Unzufriedenheit kennen sie nur, wenn sie auf der Stelle treten und genau spüren, dass sie ihren Auftrag nicht erfüllen können, weil sie zu erschöpft sind oder unter anderen körperlichen Problemen leiden. Auch auf Grund dogmatischer Parameter innerhalb ihres Einsatzbereichs, wegen Erkrankungen, politischen, gesellschaftlichen oder persönlichen Krisen kann ihnen der Weg versperrt erscheinen. Dann leiden sie immens. Sie fallen in eine gelangweilte Erstarrung oder werden unruhig, fühlen sich gehetzt, nervös, hilflos, verzweifelt oder sogar ohnmächtig. Manche Engelseele fällt in eine tiefe Depression, wenn sie merkt, dass das Leben vergeudet ist und diese Inkarnation nicht wirklich Erfüllung bringt.

Engelseelen und das irdische Leben

Viele Engelseelen tun sich schwer mit den irdischen Gepflogenheiten. Schon als Kind ist ihnen zum Beispiel bewusst, dass das Prinzip des gesamten Planeten Erde darauf beruht, dass einer den anderen übertrumpft und tötet. Engelseelen begreifen mit Entsetzen, dass das eigene Überleben nur gesichert ist, wenn anderes Leben dafür gelassen wird. Ein Tier frisst das andere. Pflanzen buhlen um die besten Plätze und ersticken und töten mitunter ihre Mitbewerber, und der Mensch isst Tiere und Pflanzen zugleich. Lebewesen werden zerstört, und zwar permanent. Das eigene Überleben gelingt nur, wenn ein anderes dafür stirbt. Diese Tatsache gilt auf allen Ebenen des irdischen Seins.

Dass Gott überhaupt so ein Prinzip erträumt, ist für Engelseelen sehr schwer zu begreifen, auch wenn sie diese Tatsache irgendwann demütig als gegeben annehmen, nach dem Motto: Dein Wille geschehe, Gott!

Es fällt Engelseelen schwer, diese irdische Vorgabe zu erfüllen, und es wird auch nicht besser, wenn sie immer wieder auf der Erde geboren werden. Sooft sie auch ihren Einsatzplan im irdischen Leben haben, sie werden sich diesbezüglich immer entsetzt fühlen. Am liebsten würden sie sich deshalb von Licht ernähren. Da sie wissen, dass alles beseelt ist, fällt es ihnen manchmal schon schwer, eine Erdbeere zu essen. Sie wissen, dass ein Tier das andere frisst, um zu überleben, und dass der Mensch dasselbe tut, auch wenn er sich von Früchten oder Salat ernährt. Für eine Engelseele ist ein Tier nicht höherwertig als eine Pflanze oder eine Frucht. In jedem Fall verstoffwechselt ein Mensch etwas Lebendiges beim Essen. Engelseelen tun das sehr bewusst, aber sie haben ihr Leben lang Probleme mit der Tatsache, dass der Mensch überhaupt essen muss, um zu überleben.

Viele von ihnen haben schon als kleine Kinder Probleme mit dem Essen. Der innere Widerstand, einander verzehren zu müssen, wird oft als unüberwindbarer Ekel empfunden. Nur sehr langsam gewöhnen sich Engelseelen daran, eine Mahlzeit zu genießen. Besonders traumatisch reagieren Engelseelen auf den Verzehr von Tieren und Pflanzen, die tot so aussehen, als ob sie noch lebendig wären, zum Beispiel Fisch, Hühnchen, Garnelen, Spanferkel oder auch ein ganzer Blumenkohl, Kresse, Blüten und ganze Früchte. Vor allem tote Tiere lösen unüberwindbaren Ekel aus, so extrem, dass die Engelseele lieber sterben möchte, als das tote Tier zu verzehren.

Ausgeglichene Engelseelen fügen sich schließlich auf eine pragmatische Art und Weise und danken bewusst für alles, was ihnen von der Schöpfung dargebracht und geschenkt wird, sei es ihr tägliches Brot oder andere Gaben. Sie begreifen irgendwann auf ihrem Weg durchs Leben, dass es wichtig für sie ist, gut geerdet und kraftvoll zu sein und durch ihr irdisches Mensch-Sein Gottes Wille zu erfüllen. Um das zu können, tanken sie Licht, wo es nur geht. Aber es reicht manchmal nicht, um die nötige Kraft für ihren tatkräftigen täglichen Einsatz aufzubringen.

Viele Engelseelen haben Schwierigkeiten, mit der Welt, wie sie war und ist, zurechtzukommen. Profitgier, Machtgehabe, Imponiergehabe, Rivalität, Leistungsdenken, kriminelle Energien, fundamentalistisches, dogmatisches oder korruptes Denken und Handeln – all das stößt Engelseelen ab. Sie beobachten kopfschüttelnd die gesamte Situation, beißen die Zähne zusammen und machen weiter.

Es käme ihnen nie in den Sinn, den Kopf in den Sand zu stecken, denn sie sind keineswegs abgehobene Spinner, die sich in die geistigen Ebenen flüchten und drohen, zum Sozialfall zu werden. Engelseelen sind niemals lebensuntüchtig. Im Gegenteil, sie sind immer bereit, ihrem Seelenplan zu folgen und sich aktiv auf der Erde einzubringen, im Beruf, ehrenamtlich oder innerhalb ihrer Freizeitaktivitäten. Selbst wenn sie einen depressiven Schub erleben oder krank werden, verlieren sie nie die Aufgaben ihres Lebens aus den Augen. Dieses innere Wissen leuchtet in ihnen, bewusst oder unbewusst. Es schenkt ihnen schließlich auch die Kraft, immer weiterzumachen, unbeirrt und mit all ihrem Tun und Können.

Aber oft haben sie insgeheim den inneren Gedanken, wann denn endlich dieser Auftrag auf der Erde zu Ende ist. Es ist mühsam, hier stationiert zu sein und gegen Windmühlen ankämpfen zu müssen. Das ist auch der Grund, warum Engelseelen meistens im kleinsten Kreis eingesetzt werden. Dieser Kreis ist überschaubar und steuerbar. Von Mensch zu Mensch fällt es leichter, zu handeln und Unterstützung zu geben, zu kommunizieren und diplomatisch die Fäden in den Händen zu halten.

Entsprechend weilen im Augenblick viele Engelseelen auf der Erde und walten im kleinsten Kreis. Ihr Einsatz ist gefragt wie nie zuvor.

Engelseelen inkarnieren immer freiwillig auf der Erde. Dazu gehören auch Engelseelen, die zum ersten Mal hier sind. Sie wissen, was auf sie zukommt. Jede Engelseele weiß das. Aber das schützt die Seele in Menschengestalt nicht, sich dennoch immer wieder sehr fremd auf der Erde zu fühlen und die Welt nicht zu verstehen. Dennoch bleiben sie realistisch und versuchen, das Beste aus ihrer Situation zu machen. Aufgeben gilt nicht! Niemals! Aber das Weitermachen kostet manchmal richtig viel Kraft. Und immer wieder droht das Gefühl der unendlichen Langeweile, wenn sie auf der Stelle treten und dem Pfad ihrer göttlichen Aufgaben nicht oder nur unzulänglich folgen können.

    Engelseelen sind keine Spaßvögel. Manche von ihnen sind eher melancholisch gestimmt und kennen einen sehr feinen Humor. Andere verfügen über eine liebe und feine Fröhlichkeit, die unentwegt aus ihnen herausströmt. Über sich selbst lachen können sie auf jeden Fall. Wenn sie ihren göttlichen Auftrag erfüllen können, leuchten sie von innen heraus. Ihr Glücksgefühl strömt dann in die Welt hinaus. Sie erscheinen dann allen anderen wie leuchtende Feuer der Seligkeit und Erfüllung.

    Treten sie allerdings auf der Stelle und können die Umstände ihrer Lebenssituation nicht verändern, um ihrem göttlichen Auftrag gerecht werden können, ermüden sie und wirken permanent erschöpft, deprimiert, faul, lust- und kraftlos. Es fällt ihnen dann schwer, sich selbst wieder in Gang zu bringen, vor allem, wenn sie den roten Faden ihrer Seele verloren haben.

    Viele Engelseelen empfinden dann den Einsatz auf der Erde wie in einer Strafkolonie und fragen sich immer wieder, was sie geritten hat, hierherzukommen. Wie alle anderen Seelen stellen sie die Frage nach dem Warum und suchen nach Hinweisen und Anhaltspunkten, um das Drängen ihrer Seele zu verstehen und zu wissen, was zu tun ist, um wieder den göttlichen Spuren zu folgen. Sobald sie ein Zeichen erhalten haben und aus der ermüdenden Langeweile heraustreten können, atmen sie durch und machen weiter mit voller Kraft, denn alle Engelseelen tragen in sich das göttliche Bewusstsein, dass alles seine Richtigkeit hat, auch ihr Einsatz vor Ort, an diesem Platz, zu dieser Zeit, innerhalb dieses Körpers. Sie tragen das Wissen tief in sich, dass sie träumende Schöpfer eines träumenden Schöpfers sind.

Engelseelen in Resonanz mit allem

Mancher Mensch wünscht sich, mit allem in Resonanz gehen zu können, alles zu spüren, zu wissen und mit allem und jedem verbunden zu sein.

Gott sei Dank gilt das nicht für die meisten Menschen, denn es würde eine totale Überforderung darstellen. Bei Engelseelen sieht es diesbezüglich leider völlig anders aus. Sie bringen das Potenzial, mit allem in Resonanz zu sein, schon mit auf die Welt.

Anschaulich kann man sich das so vorstellen, dass Engelseelen alles wahrnehmen, was sie direkt umgibt. Darüber hinaus nehmen sie alles wahr, was im gesamten Feld der kompletten Schöpfung liegt. Nicht immer ist die komplette Resonanzbreite verfügbar – was für die einzelne Engelseele eine Erleichterung darstellt –, doch gibt es Zeiten, in denen Engelseelen mit allem in Resonanz gehen, was überhaupt nur vorstellbar ist.

Körperlich löst solch eine Wahrnehmungsmöglichkeit auf Dauer sehr viel Stress aus. Und zeitweise ist solch eine „Gabe" auch fast nicht ertragbar, sondern grenzt beinahe an unmenschliche Grausamkeit.

Die gute Nachricht aber ist, dass jede Engelseele das komplette Rüstzeug mit auf die Erde bringt, um alle Wahrnehmungen aushalten und sogar transformieren zu können.

Das bedeutet, dass sich jede Engelseele ständig bewusst machen sollte, dass sie mit einer wundervollen Energie ausgestattet ist, um auch anstrengende Phasen, in denen sehr viel wahrgenommen und ausgehalten werden muss, gut zu meistern. Und obendrein noch das Feld zu klären für die anderen Seelen, so, wie es ihrer Lebensaufgabe entspricht.

Dennoch sind diese Phasen nicht immer einfach zu ertragen, selbst für eine hartgesottene Engelseele nicht, die für diesen Auftrag „vorbereitet" ist.

Während dieser Phasen gelingt es der Engelseele nicht immer optimal, ihren Lebensauftrag auszuführen. Sie hat dann mit sich selbst zu tun, fühlt sich körperlich zerschlagen und merkt, dass sie die „gewohnte Leistung" nicht mehr erbringen kann.

Stehen ihr dann genügend Ruhephasen zur Verfügung, also auch Zeit zu entspannen und nach Wegen zu suchen, die den Körper wieder regenerieren, dann fühlt sich die Engelseele schnell wieder fit. Leider steht sie sich beim Regenerieren manchmal selbst im Weg. Erstens, weil sie meint, ihr Lebensauftrag würde immer an erster Stelle stehen, in welcher körperlichen Verfassung sie auch immer sein mag. Und zweitens, weil sie sich selbst antreibt, sich pflichtbewusst einsetzt und ihre körperlichen Grenzen ignoriert. Persönliche Wünsche, die Sehnsucht nach Selbstverwirklichung und ein egoistisches Verhalten in Bezug auf die eigene Gesundheit kennt sie sowieso kaum.

Auf der irdischen Ebene greift dann innerhalb ihres Einsatzbereichs und im Zusammensein mit ihren Mitmenschen das Spiegelprinzip. Ihre Mitmenschen spiegeln ihr, wie wenig sie sich um sich selbst kümmert, und drängen sie dann regelrecht, weiterhin Leistung zu erbringen, Einsatz zu zeigen, jederzeit in gewohnter Weise zur Verfügung zu stehen und für alle da zu sein.

Manchmal meint die Engelseele sogar, sie wäre unverwundbar. Und wenn sie nicht mehr „funktioniert", dann wird sie eben „herausgenommen" aus dieser Inkarnation. Dann stirbt sie einfach, denkt sie. Gottes Wille geschehe.

Doch so einfach ist es nicht. Denn es gehört ebenfalls zu ihren Aufgaben im menschlichen Körper, ihre Kräfte sinnvoll einzuteilen, das Leben anzunehmen, trotz aller scheinbaren Widrigkeiten, und sich um körperliche Belange zu kümmern.

In Resonanz zu sein mit allem und jedem ist eine große Herausforderung für alle Seelen. Besonders für Engelseelen, denen es gegeben ist, Situationen zu heilen, die ins Ungleichgewicht geraten sind. Das geschieht einfach über ihre Anwesenheit.

Die gute Nachricht ist deshalb, dass Engelseelen nicht „umsonst" in Resonanz gehen mit allem und jedem. Das „In-Resonanz-Sein" beinhaltet nämlich auch die Heilung für die gesamte Situation und für die Menschen, die davon betroffen sind.

Engelseelen sind Transformateure und Heiler. Sie sorgen durch ihr Dasein innerhalb ihres Einsatzbereichs für Ausgleich, Harmonie, Heilung und Frieden. Sie glätten die Wogen, beruhigen Leib und Seele und geben Impulse, sich wieder wohlzufühlen, gelassener zu sein, geheilt zu werden und neue Perspektiven einzunehmen. Dazu müssen Engelseelen nichts tun. Sie sind da, und schon verändert sich alles, wird verwandelt und erlöst.

Engelseelen benötigen keine Techniken für diese Transformation. Sie sind einfach sie selbst – und schon geschieht es, wenn es so sein soll und dem göttlichen Willen entspricht.

Aus diesem Grund ist es angebracht, das „In-Resonanz-Sein" nicht nur aus der Stress verursachenden Perspektive zu betrachten, sondern anzuerkennen, dass alles seinen Sinn macht so, wie es ist.

Der Engelseele obliegt es allerdings, sich nicht selbst unter Druck zu setzen und mehr von sich zu verlangen, als es ihr im menschlichen Körper möglich ist. Sie hat – wie alle anderen Seelen auch – immer wieder die Aufgabe, das Leben so anzunehmen, wie es ist, und für ihren körperlichen Ausgleich zu sorgen.

Weitere Merkmale der Engelseelen

Engelseelen brauchen viel Licht und Sonne, mehr als alle anderen. Das Hinwenden zum Licht gibt ihnen die Gewissheit, an die göttliche Quelle angeschlossen zu sein, der sie sich immer bewusst sind, schon als kleines Kind. Innerhalb ihrer irdischen Existenz sind deshalb viele von ihnen wahre Sonnenanbeter. Das heißt nicht, dass sie sich stundenlang in die Sonne legen, sondern es bedeutet, dass sie ständig versuchen, das ihnen zur Verfügung stehende Tageslicht optimal zu nutzen. Ist ihr Einsatzort in warmen Gefilden, dann fühlen sie sich wohler, als wenn sie einen Einsatzort haben, der viele nasskalte und lichtarme Wintermonate mit sich bringt. Dennoch sind persönliche Vorlieben nicht wirklich relevant. Die Engelseele macht das Beste aus den gegebenen Umständen.

Natürlich lieben Engelseelen alles zum Thema Engel. Aber sie sehen in einem Engel keinen Helfer, der ihnen zur Erfüllung der persönlichen Wünsche dienlich ist und den man um Hilfe bittet, wenn es einem schlecht geht.

Für Engelseelen sind Engel strahlendes, pulsierendes Licht, das sie an das göttliche Zuhause erinnert, die Quelle allen Seins, die Intention der schöpferischen Liebe und der Einheit mit Allem-was-ist. Wenn sie an Engel denken, erahnen sie wieder alle Zusammenhänge der Schöpfung und fühlen sich eins mit allem und jedem. Sie wissen dann, dass sie Teil des göttlichen Bewusstseins sind, träumende Geschöpfe eines träumenden göttlichen Bewusstseins.

Diese bewusste Erkenntnis setzt in ihnen ungeahnte Kräfte frei, sodass sie ihre Strahlkraft in Menschengestalt richtig gut und intensiv entfalten können.

Ihr Strahlen wirkt dann nicht nur auf sie selbst und gibt ihnen Kraft, sondern erleuchtet auch ihre Mitmenschen. Nicht immer sind sie sich dieser Tatsache bewusst. Manchmal ist es einzig ein Herzensgefühl der Liebe, strömend und versöhnend zugleich.

Ein prägnantes Merkmal jeder Engelseele ist also, dass sie sehr strahlend auf ihre Mitmenschen wirkt, auch wenn sie das selbst nicht immer wahrnimmt. Es kann durchaus sein, dass sich die Engelseele im menschlichen Körper müde, zerschlagen, kaputt und ausgelaugt fühlt, ihr aber von anderen Menschen gesagt wird, wie strahlend und gutaussehend sie wieder ist. Nur wenn ihr Körper wirklich krank ist, sieht man ihr das an. Ansonsten wirkt sie stets auf ihre persönliche Art und Weise charismatisch und leuchtend.

Alle Menschen fühlen sich in der Obhut einer Engelseele äußerst wohl und suchen verstärkt ihre Nähe, um sich energetisch genährt, getröstet, begleitet und gut aufgehoben zu fühlen. Fast automatisch zieht es jeden zu der Engelseele, um in ihrer strahlenden Aura zu verweilen und sich daran zu laben.

Engelseelen nehmen diesen Umstand schmunzelnd zur Kenntnis und freuen sich, wenn sie allein durch ihre Anwesenheit einem anderen Menschen ein gutes Gefühl bereiten können. Nicht immer wissen sie, warum das so ist, aber sie akzeptieren die Tatsache, dass andere in ihrer Nähe wieder zu sich selbst finden. Sie sind wahre Wohlgefühl-Spezialisten darin, dafür zu sorgen, dass andere Menschen Lebensfreude erfahren. Das Besondere daran ist, dass Engelseelen das ganz selbstverständlich tun, ohne sich beeinträchtigt oder ausgenutzt zu fühlen. Es gehört mit zu ihrer Lebensaufgabe, andere mit lichtvollen Strahlen „zu füttern".

Clever die Weichen zu stellen, damit möglichst viele Menschen etwas davon haben, macht Engelseelen besonders viel Freude. Deshalb gehören sie mitunter zu den Machern im Leben, aber ganz anders als andere Seelen. Es erfüllt sie mit wahrer Seelenfreude und schenkt ihrem Dasein einen Sinn, mit Herz und Verstand zu agieren, einen roten Faden zu knüpfen und strategisch die effizientesten Wege zu erkunden, um dem Wohl einer einzelnen Person oder einer Gruppe zu dienen. Engelseelen ziehen ihren Sinn daraus, zu koordinieren, zu organisieren und möglichst jeden und alles so zusammenzubringen und zu fügen, dass sich etwas Neues daraus ergeben kann, was allen Beteiligten guttut.

Aus diesem Grund agieren Engelseelen meistens aus dem Hintergrund heraus. Als Menschen sind viele von ihnen sehr scheu in allen Bereichen, die nicht der Engelaufgabe dient. Es mag verwunderlich sein, aber sie sind scheue Macher, die perfekt eine Situation inszenieren können, die erfüllend für das Voranschreiten der ihnen Anvertrauten ist. Sie meiden zwar unnötige Menschenansammlungen und geben nur wenig über sich preis, aber wenn es die Situation erfordert, treten sie auch mal in den Vordergrund und geben mit all ihrer Begeisterung kund, wie wichtig es ist, jetzt in Aktion zu gehen.

Menschliche Formalitäten, Normen, Traditionen, Floskeln, Sitten und Gebräuche erscheinen ihnen sinnlos, wenn sie nur dem reinen Selbstzweck dienen. Engelseelen fühlen sich von den üblichen menschlichen Gepflogenheiten eher abgestoßen oder sind grenzenlos gelangweilt. Sie bedeuten ihnen nichts, und sie streben sie auch nicht aktiv an. Eher warten sie auf den passenden Moment, um ihren Einsatz nicht zu verpassen. Wenn es aber darauf ankommt, handeln sie blitzschnell und fügen die

Fakten so zusammen, dass alles wieder gut laufen kann.

Das Desinteresse an allen möglichen menschlichen Vergnügungen lässt so manche Engelseele mitunter arrogant wirken, und nicht selten wirken sie wie skurrile Einzelgänger, verschrobene Persönlichkeiten oder lichtvolle Gestalten, von denen man ahnt, dass sie sich nirgends zuordnen lassen. Einige von ihnen sind ein wenig seltsam, kommunizieren seelenruhig mit Tieren und Pflanzen, kleiden sich eigenwillig oder wirken so ätherisch, dass man nicht glauben kann, es mit einem wirklichen Menschen zu tun zu haben.

Aber es gibt auch andere Engelseelen, die so angepasst sind, dass ihre Tarnung niemals vermuten lassen würde, dass sie anders fühlen, denken und handeln als die breite Masse.

Wenn es ihnen möglich ist, leben sie ein bewusstes, klares und liebevolles Leben. Durch ihr ständiges Strahlen wirken alle Engelseelen viel jünger, als sie tatsächlich sind. Die innere Überzeugung, der Lebensaufgabe gerecht zu werden, macht sie zu brennenden Lichtsäulen, einfach durch ihr Dasein. Auch wenn sie innerhalb ihres kleinen Einsatzspektrums agieren, wirkt diese Ausstrahlung stets begütigend auf alle anderen Seelen.

Die Seelenausstrahlung der Engelseelen hilft dann anderen Seelen, ihren Lebenssinn zu erfüllen. Auf eine sehr bescheidene Art wirken sie weise, liebevoll, von Zeit zu Zeit sehr introvertiert und ganzheitlich denkend. Zum richtigen Zeitpunkt aber treten sie hervor und nehmen die Dinge pragmatisch in die Hand. Sie greifen ein, übermitteln spezielle Botschaften und stemmen wichtige Projekte, manchmal auch im Hauruckverfahren, wenn es sein muss.

Als individuelle Persönlichkeiten bringen sie stets ihre charakterlichen Eigenschaften mit in die Inkarnation, also ihren Status, ihren kulturellen, gesellschaftlichen und religiösen Hintergrund, ihr Geschlecht, ihre Stärken und Schwächen, ihre Gaben und Talente, die Energien ihrer biologischen Ahnen und alles, was sie als Mensch ausmacht.

Die typischen Engelseelen in Menschengestalt gibt es deshalb nicht. Sie inkarnieren in Menschengestalt als Männlich oder Weiblich, als Heterosexuell oder Homosexuell oder wie es die Aufgabe gerade erfordert. Ihr Einsatzbereich beschränkt sich auch nicht auf die zivilisierten Länder der Erde, und schon gar nicht auf bestimmte Religionsgemeinschaften und spirituelle Ausrichtungen. Sie können im ärmsten Dorf in einer afrikanischen Gemeinschaft als Viehhirte ebenso tätig sein wie als asiatische Küchenmagd, europäischer Manager, deutsche Hausfrau, südamerikanischer Hilfsarbeiter oder russische Ballerina. Auch ihre Charaktereigenschaften und ihr Temperament sind völlig einzigartig. Als Mensch sind Engelseelen wie alle anderen Menschen absolute Individuen. Einzig in der Schwingungsfrequenz aus dem Schöpfungsbereich der Engelseelen gleichen sie sich und bringen die Tugenden ein, die den bewussten Dienst an der Schöpfung betrifft, ganz der Engelschwingung entsprechend.

Engelseelen und ihre Aufgaben

Nicht alle Engelseelen entscheiden sich, alle Aufgaben der Engelsschwingung gleichermaßen als Mensch in einer einzigen Inkarnation zu bewältigen. Manche tun das je nach Einsatzgebiet, andere entscheiden sich bewusst vor der Inkarnation dafür, nur einen Bereich zu betreuen, diesen jedoch voll und ganz.

Der Aufgabenbereich einer Engelseele umfasst viele kleine Detailbereiche. Dennoch lassen sich sechs Hauptgruppen zusammenfassen, die das Aufgabenfeld umfassend darstellen.

Hauptsächlich sind Engelseelen also als Boten/Diplomaten, als Begleiter/Tröster, als Transformateure/Heiler, als Toröffner/Weichensteller, als Beschützer/Helfer und als Segnende/Lobpreisende tätig. Eine, einige oder alle dieser Aufgaben zu erfüllen – in welcher Inkarnation auch immer – gehört zum Sinn ihres Daseins.

Das irdische Vergessen und der permanente Druck der Selbstverwirklichung machen es allerdings mancher Engelseele schwer, wirklich ihren Dienst anzutreten. Oft fühlen sie sich zerrissen, hin- und hergeworfen und uneins mit sich selbst, weil sie wissen, dass sie anders „ticken" als alle anderen.

Ihr Leben lang müssen sie das Spannungsfeld der irdischen Existenz ertragen und sich darin zurechtfinden. Den inneren Frieden finden sie erst, wenn sie sich so annehmen, wie sie sind, als Engelseelen in Menschengestalt, mit einer einzigartigen Mission der Liebe.

Engelseelen als Boten und Diplomaten

Innerhalb dieses Aufgabenbereichs arbeiten viele Engelseelen beruflich als Journalisten, Autoren, Künstler, Musiker, Tänzer, Schauspieler, Medienfachleute, Kaufleute, Techniker, Ingenieure, Dienstleister, Politiker und in Verwaltungsberufen.

Ihre Hauptaufgabe besteht darin, Botschaften auf eine liebevolle, harmonische, menschenfreundliche und ganzheitliche Weise zu übermitteln. Mit diplomatischem Geschick bringen sie neue wie auch informative, transformierende und grundsätzlich verändernde Ideen, Gedanken, Informationen und Nachrichten ins Bewusstsein der ihnen anvertrauten Umwelt.

Im Gegensatz zu anderen Menschen, die innerhalb dieser Tätigkeitsfelder arbeiten, sorgen Engelseelen stets dafür, dass die Übermittlung in Liebe geschieht und immer auch ein Stück weit von der Schönheit der Schöpfung erzählt. Das bedeutet, dass sie keine Überbringer von schlimmen, abstoßenden, hässlichen, aufrüttelnden, vernichtenden, negativ bewegenden Informationen und Botschaften sind. Die Mittel ihrer Übermittlung sind immer frei fließend, angenehm berührend, tief in Liebe bewegend und bringen die Kraft des Gegenübers zum Klingen, Schwingen und Leuchten.

Ihr feinfühliges und schöngeistiges Tun wirkt sehr subtil und verändert in aller Stille die gesamte Situation. Stets sind sie darauf bedacht, das Himmlische und Irdische in Einklang zu bringen. Ihre Botschaften sind von Toleranz, Verständnis, Mitgefühl und einem verschmolzenem Miteinander, dem Gefühl der Einheit, geprägt.

Engelseelen als Begleiter und Tröster

Innerhalb dieses Bereichs arbeiten viele Hausfrauen, Hausmänner, Mütter und Väter sowie Erzieher, Lehrer, Ärzte, Krankenhauspersonal, Altenpfleger, Hebammen, Seelsorger, Coachs, Pfarrer, Dienstleister jeglicher Art und Menschen in beratenden Berufen.

Ihnen obliegt es, Menschen sanft und liebevoll ein Stück weit auf ihrem Lebensweg zu begleiten. Vor allem während Krankheiten und Krisen – während verändernden Lebenssituationen in der Kindheit, im Alter, bei gravierenden Veränderungen und einschneidenden Erlebnissen – sind sie einfach nur da, um zu trösten, zu motivieren, aufzufangen, mitzugehen und mit viel Herzenskraft zur Seite zu stehen.

Mit liebender Hand stärken sie den Rücken der Betroffenen, nehmen ihre Hände und schenken Kraft und Zuversicht durch eine Berührung, ein liebes Wort, einen tröstenden Hinweis, eine Umarmung und durch Ihr Dasein. Ihr Herz ist dabei offen, um tiefes Mitgefühl und Verständnis auszudrücken, sodass sich der andere absolut geborgen und wohlfühlen kann.

Sie sind die perfekten Zuhörer, denen man sein Herz ausschütten kann. Weder beurteilen sie die Situation, noch wollen sie missionieren. Sie geben nur dann einen Ratschlag, wenn dieser erwünscht ist, und dann auch nur ganz vorsichtig und so sanft wie möglich. Ihr Hauptaugenmerk liegt darauf, dass der andere wieder den Mut, das Vertrauen und die Kraft bekommt, selbst die nötigen Schritte im Leben zu gehen und eigene Entscheidungen zu fällen.

Engelseelen mit dieser Hauptlebensaufgabe werden sich hüten, anderen ihren Rat überzustülpen. Stattdessen werden sie den anderen motivieren, wieder zu sich selbst zu finden und an sich zu glauben.

Als Mütter und Väter kommender Generationen sind diese Engelseelen sehr gefragt, denn sie lassen ihren Kindern den nötigen Freiraum, um sich entfalten zu können, und geben dennoch den sicheren Rahmen und die nötigen Grenzen vor, innerhalb derer sich die Kinder wohl, geliebt und aufgehoben fühlen können.

Ihr Einsatzgebiet ist deshalb immer wieder auch ihre Familie, ohne dass die Ausübung eines Berufs angestrebt wird. Als Familienmitglied im häuslichen Heim haben diese Engelseelen ihren optimalen Platz gefunden, müssen allerdings ständig mit der gesellschaftlichen Ächtung zurechtkommen, die Menschen entgegengebracht wird, die nicht einen klassischen Beruf ausüben. Dieses Spannungsfeld wirkt schwächend, auch wenn sich die Engelseele zu Hause wohl und glücklich fühlt und weiß, dass sie am richtigen Platz ist.

Engelseelen als Transformateure und Heiler

Wer sich für diese Hauptaufgabe entscheidet, ist meistens als Arzt, Heiler, Dienstleister jeglicher Art, Hausfrau, Hausmann, Vater, Mutter, Politiker, Künstler, Autor, Poet, Musiker, Tänzer, Schauspieler, Handwerker, Gärtner, Koch, Bäcker, Seelsorger, medialer Berater oder in einem anderen beratenden Beruf tätig.

Wie bei allen anderen Engelseelen stehen wahres Mitgefühl, tiefe Liebe und Sanftheit im Vordergrund jegliches Tuns. Hier treten keine selbstverliebten Menschen auf, die Anerkennung und Bewunderung einfordern, sondern solche, die still und leise sind und mit Herzblut ihre Aufgaben erfüllen. Sie verwandeln die Stimmung, sorgen für Wohlbefinden, schaffen eine Verbundenheit der göttlichen Heilkraft mit den Selbstheilungskräften des menschlichen Körpers und zeigen Wege auf, die Ausgleich herstellen und verändernd wirken.

Oft wirken sie im Stillen, ohne Bezahlung und allein durch ihr Dasein. Das ist ihnen bewusst, und es erfüllt sie mit Freude. Sie betreten einen Raum und bewirken durch ihre Ausstrahlung, dass Klarheit, Wohlbefinden und Harmonie wirken können. Das geschieht einfach. Die Engelseelen müssen sich deshalb nicht abmühen. Ob in der Öffentlichkeit, im Beruf, bei Menschenansammlungen, zu Hause im Familienkreis – heilende Energien strahlen aus den Engelseelen heraus.

Manchmal sind es dann ihre Werke, die transformierend sind und heilsam wirken, seien es ihre Gedichte, ihre Bilder, ihre Musikstücke, ihre Mahlzeiten, ihre Backwerke, ihre Gartenanlagen, ihre Möbel usw.

Die Menschen sind stets sehr berührt von den Werken einer Engelseele. Mit Liebe, göttlicher Magie und purer Herzenskraft verzaubern und verwandeln sie die Herzen und Seelen ihrer Mitmenschen.

Engelseelen als Toröffner und Weichensteller

Dieser Hauptbereich ist für alle Berufe offen, denn es benötigt immer wieder Engelseelen, die das Miteinander fördern und Engagement zeigen, sodass möglichst viele Menschen davon profitieren, auf welchem Sektor auch immer. Sei es in der Politik, als Unternehmer in der freien Wirtschaft, innerhalb der Familie, im Berufsfeld oder in der Freizeit – diese Engelseelen sind blitzschnelle und scharfe Denker, die sofort die Chancen erkennen und ergreifen.

Als Unternehmer sind sie besonders gefragt, denn sie verkörpern ein menschliches Miteinander, das der Ausbeutung von Arbeitskräften entgegentritt. Sie beschreiten neue Wege, fördern einzelne Mitarbeiter, sorgen für ein entspanntes Betriebsklima und wirken dem persönlichen Burn-out des Einzelnen entgegen. Ihnen ist nicht nur der faire Handel wichtig, sondern auch das Wohl der Belegschaft und ein vorbildliches Auftreten, was nachhaltige Ressourcen anbelangt, sowie ein Gefühl der Zusammengehörigkeit von der Produktion bis hin zum Vertrieb, und schließlich hin zum Endkunden.

Neuartige Visionen und ein ganzheitliches Denken, das den eigenen Profit nicht in den Vordergrund stellt, sondern das Idealbild des Miteinanders sind die Kennzeichen dieser Engelseelen.

Engelseelen als Beschützer und Helfer

Hier finden sich Engelseelen innerhalb aller dienstleistenden Berufe, also auch Väter und Mütter, Erzieher, Pflegepersonal, Ärzte, Hebammen, Heiler, Seelsorger, Pfarrer, Gärtner, Landwirte, Forstwirte, Kaufleute, Handwerker, Polizisten und alle beratenden Berufe.

Sie sind diejenigen, die für das Bewahren, Erhalten, Beschützen und Sichern stehen. Ihr Einsatzbereich wird mit Toleranz, Großzügigkeit und Sanftheit ausgeführt. Diese Engelseelen sind stets darauf bedacht, sich nicht in das Leben der anderen einzumischen. Sie helfen und beschützen nur dann, wenn sie darum gebeten werden oder wenn es eine – dann meist bedrohliche – Situation erfordert.

Da die Grenzen zwischen wirklicher Hilfe zur Selbsthilfe und Einmischung im irdischen Leben manchmal fließend sind, gehen diese Engelseelen rücksichtsvoll und vorsichtig vor, um keine Grenzen zu überschreiten. Dann kann es sein, dass sie sich auch mal zurückziehen, weil sie merken, dass Hilfe eingefordert wird, die den anderen unselbstständig werden lässt oder ihm wichtige Lernschritte abnimmt und somit seine Seelenentwicklung behindert. Dann muss es der Engelseele gelingen, sanft, aber bestimmt „Nein" zu sagen, was ihr aber nicht immer optimal gelingt.

Das ist vor allem im Umgang mit kleinen Kindern sowie bequemen oder festgefahrenen Personen nicht immer leicht. Die Engelseele bemüht sich, den Ausgleich zwischen Schutz, Geborgenheit, Sicherheit und Freiheit zu finden. Sie weiß um den freien Willen des Menschen und wahrt ihn. Wird ihr Hilfsangebot nicht angenommen, dann erträgt sie es geduldig, den anderen so sein zu lassen, wie er ist. Sie kann also seelenruhig auch mal zusehen, wie der andere seine eigenen Fehlentscheidungen trifft, ganz im Vertrauen, dass alles so geschieht, wie es dem Lebensplan und der Seelenentwicklung des Einzelnen entspricht.

Engelseelen als Segnende und Lobpreisende

Engelseelen, die als Segnende und Lobpreisende eingesetzt werden, können überall tätig sein. Oft findet man unter ihnen viele Kunstschaffende, Handwerker, kreativ Tätige, Erfinder, Autoren und solche, die hauptsächlich mit Menschen, Tieren und Pflanzen arbeiten, sowie Seelsorger, Pfarrer und spirituelle Seminarleiter.

Ihnen obliegt es, göttliches Bewusstsein lobend und segnend in Freude und Seligkeit zu übermitteln. Das tun sie oft mit Hilfe ihrer Werke, aus denen Gottes Lob und der göttliche Segen regelrecht herausströmen, um Menschen tief zu bewegen und zu berühren. Sie sind Seelen-Berührer, die den menschlichen Alltag mit dem göttlichen Bewusstsein verbinden sollen. Damit die Menschen wissen, dass sie Gottes Geschöpfe sind und die Lebensfreude in sich entdecken, auf der Welt zu sein.

Einige Engelseelen wählen für diesen Auftrag einen behinderten menschlichen Körper oder einen Körper, der von chronischen Krankheiten gekennzeichnet ist. Allein ihr Dasein soll zeigen, dass überall und in allen Formen göttliches Bewusstsein ist, das trotz allen Leids und aller Andersartigkeit Freude und Gotteslob ausdrücken kann, denn jedes Leben ist einzigartig und gesegnet, in welcher Form es auch immer auftreten mag und welches Dasein auch immer gewählt wurde.

Wenn Engelseelen den Alltag schwierig finden

Noch erkennen nur wenige Engelseelen ihre Aufgaben mit absoluter Klarheit und Gewissheit. Stattdessen tragen sie eine Ahnung in sich und fühlen sich unwohl, wenn diese Ahnung sie antreibt, ihr Leben zu verändern. Doch wie soll diese Veränderung aussehen? Was soll geschehen? Was ist zu tun? Engelseelen plagen sich mit der Ahnung, dass irgendetwas nicht stimmig ist in ihrem Leben, was sie nicht zur Ruhe kommen lässt.

Das menschliche Vergessen liegt über allem. Und die Schwierigkeiten, die jede Seele hat, die einen menschlichen Körper besitzt, erschweren es, sich komplett zu erinnern und dem eindeutigen Ruf der Seele zu folgen.

Das menschliche Leben unterliegt vielen Fehlentscheidungen, manchmal Verwirrungen und Unsicherheiten, Schmerzen, Leid und Sorgen. Krisen und Krankheiten kommen und gehen, die Begleiterscheinungen des Alterungsprozesses sind ebenfalls spürbar, und das Gefühl der Mühseligkeit liegt manchmal über dem Alltagsgeschehen.

All das geht auch nicht an Engelseelen vorbei. Dann kann es sein, dass sich Engelseelen – wie alle anderen auch – zermürbt und unwohl fühlen und Fehler machen.

Sie treffen falsche Entscheidungen, mischen sich in eine Angelegenheit, in die sie sich nicht hätten einmischen sollen, überschreiten unabsichtlich Grenzen, verletzen jemanden, werden verletzt, haben Streitereien und ärgerliche Erlebnisse, Zerwürfnisse, schlechte Gefühle, unangenehme Gedanken und sonst alles, was den Alltag erschweren kann.

In solchen Fällen kommt es vor, dass Engelseelen wichtige Chancen verpassen, die Weichen nicht richtig stellen, ihren Einsatz nicht optimal erfüllen können und Karma anhäufen, weil sie träge geworden sind, die Orientierung verloren haben, Unfälle verursachen, krank werden und mit typisch menschlichen Herausforderungen zu kämpfen haben. Oder dass sie sich manipulieren lassen, sich unguten Energieschwingungen zuwenden, verzweifeln oder sogar bösartig werden.

Viele Engelseelen neigen zudem dazu, sich zu verausgaben und zu übernehmen. Sie fühlen sich für alles und jeden verantwortlich und suchen lösungsorientiert stets nach neuen Wegen, so verfahren eine Situation auch sein mag. Dann engagieren sie sich bis zum Umfallen, auch dann, wenn es nicht notwendig sein sollte.

Manchmal brechen sie dann auch **körperlich zusammen**. Sie geben zu viel, engagieren sich unermüdlich und nehmen alle Last der Welt freiwillig auf ihre Schultern, nicht, weil sie sich opfern oder gut vor ihren Mitmenschen dastehen wollen, sondern weil dieser Drang aufgrund ihrer engelgleichen Schwingung und des daraus resultierenden Lebensauftrags in ihnen schlummert.

Engelseelen engagieren sich so lange, bis sie merken, dass sie im Leerlauf sind, die Spur verloren haben und an falscher Stelle oder im falschen „Projekt" gelandet sind. Sie ahnen dann, dass etwas gewaltig schiefläuft.

Die Erfahrung, dem Seelenruf nicht wirklich folgen zu können, ist für Engelseelen anstrengend. Denn sie sind stets darauf bedacht, keine Zeit zu vertrödeln. Doch wissen sie oft nicht, was genau damit gemeint ist. Mit dem sicheren Gefühl, einen wichtigen Auftrag erledigen zu müssen, plagen sie sich durch die Tage und finden manchmal den roten Faden ihres individuellen

Seelenauftrags nicht mehr. Das kann über Wochen, Monate oder sogar Jahre gehen.

Es stellt sich dann die Frage, was die Engelseelen so blockiert, dass sie ihrer engelgleichen Schwingung nicht entsprechen können innerhalb der Inkarnation auf Erden.

Engelseelen, die in einer herkömmlichen, sehr traditionellen Kultur geboren werden, die offen ist für spirituelle Anschauungen und Praktiken, sind weitaus weniger Stress ausgesetzt als Engelseelen, die in der westlichen Zivilisation eingesetzt werden.

Ein einfaches, überschaubares, bescheidenes – manchmal aber auch sehr kurzes – Leben innerhalb eines Kulturkreises, das sich auf das nackte Überleben beschränkt, ermöglicht trotz oft arbeitsreichem Einsatz und vielen Entbehrungen sowie gesundheitlichen Einbußen mehr Möglichkeiten, den Seelenauftrag zu erfüllen.

Eine Engelseele hat dann eventuell einzig und allein den Auftrag, die Kinderschar gut durchs Leben zu bringen und dafür zu sorgen, dass alle irgendwie genug zu essen haben. Oder sie kümmert sich darum, dass im Dorf genug Wasser vorhanden ist und jedem Dorfmitglied zur Verfügung steht.

Die Strukturen einer dörflichen Gesellschaft mit klaren Regeln sind überschaubarer und verlangen dennoch ganzen Einsatz im Kleinen. Das mag aus westlicher Sicht banal sein, aber jeder Auftrag einer Engelseele ist gleichwertig.

Fünf Kinder zu ernähren ist genauso wichtig und wertvoll wie die Leitung eines weltweiten Unternehmens mit tausenden von Angestellten, oder mit Herz und Verstand ein Land zu regieren.

Ein bescheidener Einsatz vor Ort ist von der gleichen Wesentlichkeit gekennzeichnet wie ein Einsatz im größeren Umfang. Die Unterteilung in besserer oder höherwertiger Einsatz liegt niemals vor. Jeder Einsatz ist wichtig! Immer!

Engelseelen, die in der westlichen Zivilisation und deren gesellschaftlichen Strukturen eingesetzt werden, unterliegen unterschiedlichen, manchmal undurchschaubaren Stressfaktoren, die ihren Einsatz und die Erfüllung ihrer Lebensaufgaben erschweren. Das ist oft fatal. Diese Engelseelen werden in eine Gesellschaft geboren, die einerseits immer mehr Freiräume und Möglichkeiten der Selbstentfaltung offeriert, aber aus diesem Grund Engelseelen das irdische Dasein erschwert.

Hinzu kommt die moderne, in rasanten Schritten fortschreitende technologische Entwicklung, die Forderungen einer Leistungs- und Spaßgesellschaft, die auf allen Ebenen Druck, Status und Entwicklung verlangt. Fluten von Informationen auf allen Kanälen und über alle Medien verwirren und überlasten zudem die feinen Antennen der Engelseelen. Dauerüberreizung und ein Welt- und Selbstbild, das der Engelseele auf keinen Fall entspricht, sorgen für Dauerstress, Erschöpfung, Verwirrung, Verzweiflung und das Gefühl der Wertlosigkeit.

Der Stress der modernen Zivilisation ist es schlechthin, der Engelseelen das Dasein und die Lebensaufgaben vergällt.

Achte deshalb bitte einmal genau darauf, was dir Stress bereitet. Das können banale Alltagsbeschäftigungen sein, die an anderen Menschen spurlos vorbeigehen, sie nicht berühren oder sogar erfreuen. Zu sehen, dass andere Menschen Spaß daran haben, sich diesen Stressfaktoren freiwillig auszusetzen, schwächt und lähmt Engelseelen. Sie fühlen sich dann völlig fehl am Platz und zweifeln an sich selbst.

Fast alle Engelseelen nehmen ungefiltert alle Reize auf, die mit ihnen sofort in Resonanz gehen. Sie speichern riesige Datenmengen und haben auch Zugriff zu diesen Daten, was sie zusätzlich stresst.

Interessanterweise können Engelseelen sofort „umschalten", wenn sie voll im Einsatz sind. Dann sind sie plötzlich multitaskingfähig, wahre Organisationsgenies und rasante Arbeitstiere, dass alle anderen nur so staunen und meinen, dass dies alles nicht mit rechten Dingen zugehen kann. Im Alltag aber sorgen die einfachsten gesellschaftlichen Anforderungen für Stress.

Hier nur einige Beispiele für typische Stressfaktoren bei Engelseelen, die für die meisten anderen Menschen im Alltag kein Thema sind, wobei es natürlich individuelle Prägungen, Abneigungen und Vorlieben gibt sowie altersabhängige Themen. So sind zum Beispiel junge Menschen viel gewandter im Umgang mit moderner Technik, leiden dafür aber unter anderen Stressfaktoren. Da Engelseelen ständig im Spannungsfeld zwischen der irdischen Selbstentfaltung und der ihrer Schöpfungsebene entsprungenen Lebensaufgabe stehen, äußern sich all diese banalen Stressfaktoren im menschlichen Alltag als hinderlich und manchmal nur mit großer Kraftanstrengung überwindbar. Engelseelen wenden sich zwar nicht ab von folgenden Faktoren und Tätigkeiten, aber sie verursachen immer wieder Stress bei ihnen, sind also mit Mühe und Anspannung verbunden.

- Autofahren und das Bedienen anderer Fahrzeuge,
- das Bedienen von Handys, Fernsehgeräten und anderen modernen und technischen Geräten,
- jegliche Art von Multitasking, zum Beispiel auch ein Ge-

spräch, während im Hintergrund leise Musik erklingt,
- das Surfen in Internetforen, die Selbstdarstellung und die Präsenz im Internet im Allgemeinen,
- Schule, Lernen, Ausbildungen nach herkömmlichen Methoden, Fakten pauken,
- Einkaufen gehen, wenn viele Menschen unterwegs sind,
- Leben in der Stadt,
- Arbeiten im Großraumbüro,
- Besuche und Einladungen mit mehr als vier Personen,
- Seminare, Konzerte, Theater, Oper, Stadtfeste, Partys und andere kulturelle Events, wenn viele Menschen zusammenkommen,
- sportliche Wettkämpfe,
- Spieleabende,
- Gespräche, die länger als eine halbe oder eine Stunde dauern,
- üppige Essensgelage, Einladungen zu Mehrgangmenüs und wenn sich eine Mahlzeit länger als eine halbe Stunde hinzieht, sowie der Verzehr von Nahrungsmitteln an sich,
- Lärm jeglicher Art oder allzu laute und hämmernde Musik,
- zu langes Arbeiten am Computer,
- zu lange rein geistige Arbeit,
- Gruppenevents, Partys, Kinoabende.

Diese Liste kann beliebig weitergeführt werden. Und es trifft auch nicht alles auf jeden zu. Oft sind es mehrere Kleinigkeiten, die zu Stressfaktoren werden.

Hinzu kommt, dass Engelseelen Meister darin sind, sich selbst unter Druck zu setzen. In ihnen schlummert auf ewig das Seelenziel ihres göttlichen Daseins, das, was Gott für sie erträumt. Und das ist die Erfüllung der Aufgaben im Bereich der engelgleichen Schöpfungsschwingung. Erst dann können sie heimkehren ins Herz Gottes. Wird dieses geträumte Bewusstseinsziel nicht erfüllt, von Inkarnation zu Inkarnation, spüren Engelseelen den Druck, endlich vorankommen zu wollen.

Gott träumt sie auf diese Weise und lässt ihnen – zumindest in der irdischen Existenz – den freien Willen so lange für die Erfüllung ihrer engelgleichen Schwingung, bis alle geträumten Aufgaben erfüllt wurden.

Das Gute ist, dass Engelseelen – sobald sie wieder in ihrer Spur sind und ihre Lebensaufgaben erfüllen können – auch große Belastungen ertragen, ohne sich gestresst zu fühlen. Sie merken dann den typischen „Flow" und erleben, dass ihre Tätigkeiten und Aktionen Sinn machen.

Engelseelen im Einsatzbereich von Heim und Familie

Ein typischer Einsatzbereich von Engelseelen ist das eigene Heim. Besonders gefragt sind Engelseelen, die sich bereiterklären, Kinder zu erziehen und innerhalb dieser Aufgabe voll und ganz durchzustarten.

Doch während es kein Problem ist, sich innerhalb einer dörflichen traditionellen Struktur als Vater und Mutter, Hausfrau und Hausmann einzubringen, stellt das für die westlichen Zivilisationen einen zusätzlichen Stressfaktor dar. Denn der moderne Mensch fühlt sich schuldig, wertlos, nutzlos und unproduktiv, wenn er seinem Herzen folgt und ausschließlich den Aufgaben der Kindererziehung und Haushaltsführung nachkommt.

Engelseelen, die in diesem Bereich eingesetzt werden, haben im Grunde keinerlei Ambitionen, sich innerhalb eines bezahlten Berufs und anderen Aufgabenfeldern zu bewegen. Tief in ihrer Seele fühlen und wissen sie, dass ihr Einsatzbereich nichts mit der Ausübung eines klassischen Berufs zu tun hat. Sie sind als Mutter/Vater, Hausfrau/Hausmann absolut zufrieden – einerseits. Andererseits leiden sie unter dieser inneren Einstellung. Sie fühlen sich schuldig, unwert, falsch gepolt und krank, weil ihnen jegliche Ambition fehlt, dem Rollenbild der vorherrschenden Gesellschaftsstruktur zu entsprechen.

Im Spannungsfeld zwischen der Weisheit ihrer Seele und den Forderungen der modernen Gesellschaft fühlen sie deutlich diesen Zwiespalt, aus dem es kein Entrinnen gibt. Manche Engelseelen beginnen dann sogar, sich selbst zu verurteilen oder zu hassen, weil sie so viel Erfüllung aus dem angeblich verteufelten „Nur-Hausfrau-Sein" oder „Nur-Hausmann-Sein" ziehen.

Männlichen Engelseelen fällt es meistens noch viel schwerer, sich zu ihrer Lebensaufgabe im Einsatz für Heim und Familie zu bekennen. Sie sind Zeit ihres Lebens dem Spott, dem Unverständnis und manchmal sogar der offensichtlichen Anfeindung ausgesetzt. Denn ihre Mitmenschen bezeichnen sie als Schlappschwänze, als Schmarotzer und Leute, die sich von ihren Frauen aushalten lassen oder gar dem Staat auf der Tasche liegen.

Dabei leisten Engelseelen – wenn sie wirklich ihre Spur gefunden haben und ihren göttlichen Lebensaufgaben folgen – wertvolle Arbeit zum Wohl der Gemeinschaft. Sie sind keineswegs faul oder liegen nur auf dem Sofa. Den Vorwurf, Schmarotzer zu sein, können sie getrost von sich weisen. Sie sind weder depressiv, noch unzufrieden, weil sie keiner bezahlten beruflichen Tätigkeit nachgehen. Im Gegenteil, es geht ihnen ausgesprochen gut, und sie agieren engagiert und tatkräftig innerhalb ihres göttlichen Auftrags im Bereich von Heim und Familie. Dort leisten sie manchmal mehr als alle anderen. Sie bringen sich mit all ihrem Herzblut ein und erfüllen ihre Aufgabe mit viel Kraft.

Weder männliche noch weibliche Engelseelen vermissen etwas, wenn ihr Auftragsbereich Heim und Familie ist. Aber es wird ihnen ständig von außen suggeriert, sodass sie irgendwann beginnen, an sich selbst zu zweifeln und wirklich daran zu glauben, etwas würde mit ihnen nicht stimmen. Sie empfinden sich dann als faul, ignorant, inkompetent und absolut nutzlos. Sie beginnen sich nach einem Beruf zu sehnen, der ihnen bessere Gefühle verspricht, auch wenn ihr ursprüngliches Gefühl ihnen tief im Herzen zu verstehen gibt, dass es völlig ausreicht, innerhalb von Heim und Familie tätig zu sein. Sie sind leider so verwirrt, dass sie sich selbst nicht mehr vertrauen können.

Dann kann es sein, dass sie panikartig versuchen, irgendeinen Job zu finden, eine Ausbildung zu starten und sich um bezahlte Arbeit oder einen Beruf zu bemühen, der außerhalb von Heim und Familie liegt. Sie tun das gegen ihre innere Seelengewissheit und wundern sich dann, wenn sie auf diesem Weg scheitern, Depressionen bekommen, krank werden, unglücklich sind und die Ahnung verspüren, dass sie ihren Lebensauftrag nicht so erfüllen, wie sie es sollten. Aber durch die gesellschaftliche Ächtung und Verblendung kommen sie nicht auf die Idee, sich wieder Heim und Familie zuzuwenden und dort ihren richtigen Platz zu finden. So irren sie manchmal ziemlich erfolglos im Berufsalltag herum, bis sie im Einzelfall eine böse Erkrankung oder ein Unfall „zwingt", zu Hause zu bleiben und dort nicht nur zu regenerieren, sondern auch endlich den Platz wiederzufinden, für den sie inkarniert sind. Die Weisheit des Körpers übernimmt dann nicht selten die Führung und löst das „Problem" auf manchmal sehr schmerzliche Art und Weise.

Im Gegensatz zu anderen Seelen, die depressiv werden, wenn sie keinem bezahlten Beruf nachgehen oder eine Tätigkeit haben, die ihnen Anerkennung, Bewunderung und Wertschätzung bringt, leiden Engelseelen an jeglichen Tätigkeiten, die nicht ihrem aktuellen irdischen Auftrag entsprechen. Liegt dieser Auftragsbereich innerhalb der Kindererziehung und der Haushaltsführung, leiden diese Engelseelen bei der Ausführung aller anderen Tätigkeiten, die ihnen die Zeit stehlen, um dem eigentlichen Auftragsbereich gerecht zu werden. Sie blühen allerdings auf, wenn sie innerhalb von Heim und Familie tätig sein können. Doch sie erlauben es sich oft nicht, wirklich glücklich zu sein. Zu tief sitzt das Credo des modernen Menschen, sich beruflich und finanziell zu verwirklichen.

Engelseelen fühlen sich also stets gestresst, wenn sie zeitintensive Aufgabenbereiche betreuen müssen, die nichts mit ihrem göttlichen engelgleichen Auftrag zu tun haben. Während andere Seelen das als nette Abwechslung und Vergnügen betrachten, spüren Engelseelen, dass sie etwas tun, das sie nur wertvolle Zeit und Kraft kostet und nicht ihrer Schwingung entspricht. Dann leidet ihr Wohlbefinden immens.

Es kann natürlich sein, dass eine Engelseele nur partiell den Aufgabenbereich des Heims und der Kindererziehung übernimmt. Danach zeigt sich ein anderer Einsatzbereich, sodass sie plötzlich große Lust verspürt, eine Ausbildung anzustreben oder sich in einem Verein oder Ehrenamt zu engagieren. Die innere Freude wird hierbei der Motor sein, der antreibend wirkt und für Erfüllung und Sinnhaftigkeit sorgt.

Viele Engelseelen betreuen Zeit ihres Lebens den Aufgabenbereich von Haushalt und Familie. Dann tritt zum Beispiel – wenn die Kinder aus dem Haus sind – ein anderes Familienmitglied auf den Plan, und als Tante, Onkel, Tageseltern oder Großeltern wird der Aufgabenbereich weitergeführt. Oder ein großer Garten oder Haustiere werden betreut, und das Heim wird mit Liebe so gestaltet, dass Gäste sich wohlfühlen und gerne gesehen sind.

Jede Engelseele trägt in sich die Gewissheit, dass Haushalt, Heim und Familie die Bereiche sind, die für Fülle, Sinn und Freude sorgen, gleichgültig, welche Aufgaben im Detail erledigt werden müssen.

Solltest du dich bei diesem Kapitel betroffen fühlen und merken, dass du dich aufgrund des modernen Lebensstils als Hausfrau/Hausmann, Mutter/Vater wertlos fühlst, so begreife, dass nichts mit dir in Unordnung ist, wenn du Erfüllung im

Aufgabenbereich von Haushalt und Familie findest. Dieses Buch wird dir helfen, dich selbst besser kennenzulernen und dich so anzunehmen, wie du bist. Du wirst lernen, dich zu entspannen und auch das Spannungsfeld des modernen Lebens mit deiner inneren Seelenweisheit zu verbinden.

Werde ebenso hellhörig, wenn du aufgrund deiner persönlichen Lebenssituation an Heim und Familie gebunden bist, dort aber nicht dein gewählter Einsatzbereich liegt. In diesem Fall fühlst du dich als Hausfrau/Hausmann mehr als unwohl, langweilst dich, erlahmst, wirst depressiv und verlierst die Spur deiner Seele. Meistens ist es die Familie selbst, die dich an Ort und Stelle weilen lässt, weil es bequem ist, eine liebe Engelseele um sich zu haben, die bereitwillig jegliche Versorgung übernimmt.

Dein inneres Gefühl allein entscheidet, welcher Weg für dich der richtige ist. Ist dein Einsatzbereich Heim und Familie, dann fühlst du dich wohl. Ist er es nicht, wird es Zeit, deinen wahren Einsatzbereich zu finden.

Engelseelen im spirituellen Stress

Engelseelen sind sehr feinfühlige Wesen mit unterschiedlichen medialen Begabungen und einem regen spirituellen Interesse. Aber gerade die in der westlichen Zivilisation verstandene Spiritualität kann Engelseelen zusätzlich Stress verursachen und ist dann nicht Quelle der Freude und göttlicher Verbundenheit.

Spiritueller Stress wird verursacht durch spirituellen Konsum, den Engelseelen tief in ihrer Seele ablehnen. Mit ihrem wachen und scharfen Verstand entlarven sie die große Geldmaschine, die im Namen der spirituellen Selbstverwirklichung betrieben wird. Dazu gehört vor allem das Geschäft mit Engeln.

Auf spirituellem Sektor tummeln sich viele Seelenfänger, die den ahnungslosen und bedürftigen Menschen das Geld aus der Tasche ziehen. Teure Seminare, Kurse, Sitzungen, Therapien, Hoffnungen und Heilungsversprechen werden angeboten und schüren den Hype um die Themen spiritueller Selbstverwirklichung und Seelenreifung. Eine wahre spirituelle Informationsflut wird ausgeschüttet, und das Angebot an spirituellen Themen und Waren geht ins Unendliche.

Vielen Engelseelen stehen die Haare zu Berge, weil sie erkennen, dass ein wirkliches Miteinander anders aussieht und nicht dem eigenen Vorteil zu dienen hat. Die Intention der fließenden Liebe, die jegliches spirituelles Sein prägen sollte, lässt oft zu wünschen übrig. Denn es sind stets die alten Themen, die sich zeigen, nämlich die Intention, mit der Spiritualität ordentlich Geld zu verdienen, Menschen von sich selbst zu überzeugen, manchmal sogar zu manipulieren und zu beeinflussen, und Bewunderung oder Anerkennung, manchmal sogar Berühmtheit zu erlangen.

Und während Engelseelen im Kleinen – innerhalb ihres göttlichen Auftrags – stets bestrebt sind, ein wirkliches Miteinander aktiv zu leben, verführen andere Menschen zu einer einseitigen konsumorientierten Spiritualität, die dem Ablasshandel zu Luthers Zeiten nicht unähnlich ist.

Das profitorientierte Handeln im Namen der Spiritualität, im Namen Gottes und der Engel, kränkt Engelseelen sehr. Dann ziehen sie sich noch mehr zurück von der Welt und erkennen mit Traurigkeit im Herzen, dass sich die Menschheit nicht weiterentwickelt hat. Im Glorienschein der Erleuchtung präsentieren all diese „Gurus" eine wirtschaftliche Macht, die scheinheilig mit der Sehnsucht der Menschen nach Liebe, Verbundenheit, Einheit und Sinnhaftigkeit spielt.

Das empfinden die zarten Engelseelen als beleidigend, unethisch und unmoralisch. Sie sind mehr als entsetzt und traurig, dass es nicht möglich ist, neue und kreative Wege zu einer wirklich spirituellen Gemeinschaft zu finden.

Mentaltrainer, Seminarleiter, Engelberater, Hellseher, Wahrsager und Therapeuten, die lehren, wie man Engel zum eigenen Vorteil und zur Erfüllung persönlicher Wünsche heranzieht, wie man persönlich den besten und heilsamsten Weg findet, wie man andere für eigene Zwecke einspannt und sich selbst entfaltet, werden von Engelseelen kritisch beäugt. Denn in all den Lehren und Therapien steht einzig das „Ich" im Vordergrund. Es geht stets um das eigene Wohlbefinden, um die Verbesserung der persönlichen Situation, um mehr Geld, Wohlstand und Reichtum, um mehr Ansehen, Selbstverwirklichung und um persönlichen Trost, Rat und Beistand.

Engelseelen spüren eindeutig, dass dies kein Weg sein kann, der liebevoll durchs Leben führt. Manchmal aber braucht es etwas Zeit, bis Engelseelen die Szenerie durchschauen und endlich wissen, was sie an der modernen Spiritualität so stört. Sie erkennen, dass das Verhaften im „Ich" nichts mit dem eigentlichen göttlichen Bewusstsein zu tun hat.

Das „Ich" ist der Aspekt der Göttlichkeit, um sich als Persönlichkeit zu erleben. Im Inkarnationsprozess und der Seelenwirklichkeit ist das Bewusstsein des „Wir" und des „All-Eins-Seins" der Pfad, der ins göttliche Herz zurückführt. Gottes Traum endet im göttlichen Bewusstsein der All-Einheit, ausgedrückt in göttlicher Liebe. Für die Erdenseelen bedeutet das, lieben zu lernen, im „Ich-Zustand" und „Wir-Zustand" zugleich. Für die Engelseelen bedeutet es, die göttlichen Aufträge der engelgleichen Schöpfungsschwingung ihres Daseins zu erfüllen.

Die moderne Auslegung der Spiritualität ist deshalb für viele Engelseelen kein gangbarer Weg. Sie ziehen sich zurück und werden oft zu Einzelgängern, die sich innerhalb keiner Religionsgemeinschaft und keiner spirituellen Gruppe wohlfühlen. Entsprechend erkranken dann einige von ihnen an fehlender spiritueller Gemeinschaft, an dem nicht gelebten „Wir-Gefühl" und vermissen den persönlichen Einsatz mit- und füreinander.

Erst wenn die Freude überwiegt, miteinander etwas zu bewegen, zu tätigen und zu bewältigen und nicht das Gefühl, sich selbst zu verwirklichen und einen Gewinn aus einer Sache oder Begegnung zu beziehen, fühlen sich Engelseelen erfüllt. Sie leben eine neue Form der spirituellen Selbstlosigkeit, indem sie ihre Gaben in Liebe verschenken und der Gemeinschaft zur Verfügung stellen, zum Wohl des Universums. Dieses Denken und Sein von Grund auf schwächt sie aber im täglichen Leben, indem ein anderes Dasein – selbst spirituell – gelebt wird. Sie spüren die Unstimmigkeit und erkranken daran.

Natürlich wissen auch Engelseelen, dass Menschen ihren Lebensunterhalt bestreiten müssen. Sie sehen einen angemessenen finanziellen Ausgleich für den zeitlichen Einsatz eines Therapeuten, Heilers, Autors, Lehrers oder Seminarleiters als gerechtfertigt. Aber sie verabscheuen es, wenn dieses Gleichgewicht aus den Fugen gerät und zur Abzocke wird. Engelseelen „riechen" die Intention eines Menschen sofort. Sind wahre Liebe und Mitgefühl die Intention, dann ist ein Gleichgewicht hergestellt. Stehen aber materielles Denken, Geltungssucht und die Gier, persönliche Wünsche zu erfüllen – unter dem Deckmantel der Spiritualität – im Vordergrund, erschreckt das die Engelseele maßlos.

Dennoch hält selbst diese große Geld- und Machtmaschine rund um die spirituellen Bedürfnisse der Menschen keine Engelseele davon ab, sich weiterhin um ihren Aufgabenbereich zu kümmern. Manchmal macht genau dieses Wissen die einzelne Engelseele stark, um im Kleinen einen Gegenpart zu setzen und ein wirkliches Miteinander zu leisten, das nichts mit Selbstverwirklichung, Geldverdienen, Machtanspruch, Prestige, Status, Bewunderung und Anerkennung zu tun hat.

Doch es bleibt stets ein Unterfangen, das Stress verursacht und schwächend wirkt, denn die Engelseele steckt ja im menschlichen Körper und erfährt eine menschlich-irdische Enttäuschung.

Die große Langeweile

Sobald Engelseelen erkennen, dass sie auch spirituell auf sich allein gestellt sind, beginnt in ihrem Leben ein Prozess der bewussten Langeweile. Diese tritt auch dann auf, wenn sie sich anderen Aufgaben widmen müssen, als es ihrer engelgleichen Schwingungsebene entspricht. Dann ermüden sie und langweilen sich. Sie langweilen sich, wenn sie feststellen, dass sie mit den irdischen Vergnügungen und Gepflogenheiten nichts anfangen können und völlig anders „ticken" als andere Menschen.

Die Langeweile ist der erste Schritt, sich von anderen Menschen abzugrenzen. Das geschieht vor allem dann, wenn Engelseelen nicht über sich selbst Bescheid wissen und hilflos erleben, dass sie völlig anders sind.

Sie entdecken dann, dass sie meistens komplett wunschlos sind, was ihr eigenes Leben anbelangt. Sie wollen nichts und haben keine Idee davon, etwas überhaupt wollen zu müssen. Denn nichts Irdisches berührt sie. Sie wünschen sich einzig und allein, ihrer Seele folgen zu können, aber keine materiellen, ideellen oder persönlichen Erfolge, kein ehrgeiziges Handeln, keine Anerkennung und Bewunderung, keine Abwechslung und Vergnügungen. Nichts davon scheint ihnen wichtig zu sein. Es berührt sie nicht, fordert sie nicht heraus, appelliert nicht an ihre Neugier oder das Bedürfnis, die Welt zu erfahren, Wünsche zu äußern und Ziele zu setzen. Werden sie danach gefragt, fühlen sie sich überfordert, denn die Sehnsucht ihrer Seele kennt einzig die Erfüllung ihres heiligen, göttlichen Auftrags. Diesbezüglich sind der göttliche und ihr Wille völlig eins. Mehr gibt es nicht. Es ist ihre Erfüllung, ihre tiefste Freude, ihr größtes Sein, die absolute Vollkommenheit.

Engelseelen empfinden Langeweile bei allem, was anderen Menschen Spaß und Freude bereitet. Vor allem die Entfaltung des „Ichs", die auf allen Ebenen vorangetrieben und als großes Entwicklungsziel der Menschheit dargestellt wird, ödet Engelseelen an. Sich selbst zu erkennen, zu heilen, zu erlösen, zu erheben, zu lieben, zu befreien, zu entwickeln, zu verwirklichen, widerspricht ihrem Schöpfungsauftrag.

Engelseelen, die aus der engelgleichen Schöpfungsebene stammen, stehen bei jeder Inkarnation auf der Erde vor der gleichen Herausforderung, das „Ich-Gefühl" erleben und aushalten zu müssen. Die Ebene der engelgleichen Schöpfung ist eine „Wir-Ebene". Sie wird von Gott als „Wir-Erfahrung" und als Gruppen-Verbundenheit geträumt.

Im Bewusstsein trägt jede Engelseele dieses „Wir-Gefühl". Dennoch erfüllt sie als menschliches Individuum ihren persönlichen Aufgabenbereich. Innerhalb dieses Aufgabenbereichs ist das „Wir-Gefühl" ein tragendes Element. Im täglichen Leben aber ist das „Ich" die Ebene, auf der das Leben stattfindet. Inkarnierte Seelen auf der Erde können sich dem „Ich" nicht entziehen. Auch die typischen Lernerfahrungen der „Ich-Ebene" können nicht umgangen werden. Jede Seele, die auf der Erde inkarniert – sei es eine Engelseele, eine Feenseele, eine Sternenseele oder eine andere Seele – lebt und agiert im Bewusstseinsfeld der irdischen Lernerfahrungen und des irdischen Karmas.

Es ist das irdische Schicksal, sich als „Ich" zu erleben und auch nur als „Ich" im Rahmen der Selbstverwirklichung als Mensch Anknüpfung an menschliche Energieressourcen zu erhalten. Das heißt konkret, dass die Ablehnung der Selbstverwirklichung – und diesbezüglich können Engelseelen nicht anders, als die Selbstverwirklichung abzulehnen, weil sie ihrem

Schöpfungsauftrag und ihrer Seelenebene nicht entspricht – Stress bereitet.

Dieses Bewusstseinsfeld des Irdischen wirkt schwer und hinderlich und führt die Engelseelen nicht selten einerseits in die Langeweile, andererseits in die Hyperaktivität. So sind viele Engelseelen wahre Arbeitstiere. Sie erfüllen ihre Aufgaben bis zum Umfallen und empfinden bohrende Langeweile in den Zeiten dazwischen. Es kann dann gut möglich sein, dass unausgeglichene Engelseelen ausbrennen.

Dieses Spannungsfeld erzeugt das Gefühl des Angeödet-Seins auf höchster Stufe und erzeugt bei einigen den völligen Burn-out. Das Wesentliche kann die Engelseele auf der Erde nicht finden, nämlich die Ebene der Gemeinschaft, der irdischen Einheit im Grobstofflichen. Auf der Erde ist die Individualität und die Ich-Erfahrung das Wesentliche, das den Erdenseelen die Möglichkeit gibt, sich selbst zu erfahren, um dann über den Weg der Liebe die Einheit zu vollbringen. Für Engelseelen gilt das nicht. Also ist die Ich-Erfahrung kein erfüllender Weg, um sich wohlzufühlen. Doch als menschliches Wesen wird die Selbstverwirklichung benötigt, um gesund zu bleiben. Sie ist ein Teil des Irdischen und erzeugt ein permanentes Spannungsfeld zwischen Seele und Körper.

Selbst der Ausdruck des „Ich-Bin", der im menschlich-irdischen Verständnis für das Göttliche steht, fühlt sich für eine Engelseele nicht wirklich stimmig an. Für eine Erdenseele ist das „Ich-Bin" genau richtig, denn ihre Seelenentwicklung sieht genau dieses vor.

Eine Engelseele erfährt aber erst im „Wir-Sind" das Gefühl der Stimmigkeit. Im „Wir-Sind" liegt das All-Eine, das der Engelseele Gewissheit und Halt gibt. Es erfüllt sie mit Freude, Tatkraft und dem inneren Feuer, das sie für die Erfüllung ihrer Aufgaben benötigt.

Sobald Engelseelen den Zustand der Langeweile erreicht haben, erstarren sie und erlahmen auf ihrem Weg durchs irdische Leben. Dann empfinden sie ihr Leben als Mühsal, als Extremerfahrung im Zusammensein mit „Ich-Bin-Menschen", die sie lieben, die aber ihre engelgleiche Schwingung nicht verstehen oder teilen können.

Dennoch ahnen Engelseelen, dass es nicht vorgesehen ist, im „Wir-Sind" als Menschen zu verharren, was den Aufgabenbereich ihrer irdischen Inkarnation betrifft. Dazu müssten sie nicht inkarnieren. Sie wissen stattdessen, dass sie ihre Erfüllung dann im menschlichen Körper finden, wenn sie die engelgleiche Schwingung im irdischen Alltag wirken lassen. Dazu müssen sie tätig werden.

Im Tun liegt die Erkenntnis, das „Wir-Sind" auf die Erde und den anderen Menschen nahezubringen. So werden sie nicht selten zu typischen Workaholics, die ständig auf das Tun fixiert sind. Es gilt dann, das richtige Maß der Tätigkeit zu finden. Auf diese Weise helfen Engelseelen, die Brücke zu schlagen zwischen dem Vorherrschen des „Ich-Bin" hin zum „Wir-Sind". Das gelingt aber nur dann, wenn Engelseelen das Gefühl der Langeweile überwinden und sich an ihren göttlichen Schöpfungsauftrag erinnern. Und ihn dann immer wieder innerhalb ihrer Gaben und des von ihnen erwählten Aufgabenbereichs ausführen. Dabei lernen sie, dass das reine Dasein schon ausreichend ist, um den Seelenauftrag zu erfüllen. Sie können dann vom getriebenen „Tun" zum wirksamen „Sein" wechseln.

Wenn Engelseelen die Sinnlosigkeit plagt

Wird die Langeweile nicht wirklich wahrgenommen und im „Wir-Sind" sowie im „Ich-Bin" erlöst, rutscht die Engelseele in ein Gefühl der absoluten Sinnlosigkeit. Das ist der Zustand, in dem eine tiefe spirituelle Depression erkennbar ist. Die Engelseele verliert komplett den Sinn ihres gesamten Daseins. Sie fühlt die Sinnlosigkeit des göttlichen Bewusstseins. Gott ist sinnlos geworden. Und somit ist alles sinnlos.

Diese spirituelle Depression hat nichts mit einer persönlichen Depression zu tun. Sie ist tiefgreifender und allumfassender. Doch die meisten Engelseelen ahnen noch nicht einmal, was wirklich mit ihnen los ist. Und kein irdischer Therapeut – es sei denn, er ist ebenfalls eine Engelseele, die ihr Dasein erkannt und erlöst hat – kann wirklich Beistand und Hilfe leisten.

Die Engelseele stellt die Sinnfrage des göttlichen Bewusstseins. Welchen Sinn macht ein göttliches Bewusstsein? Welchen Sinn macht der göttliche Traum, der alles erträumt? Wozu geschieht das, was geschieht? Was ist der Sinn hinter dem Sinn? Welchen Sinn machen Seelen? Welchen Sinn machen Inkarnationsprozesse? Welchen Sinn machen Schöpfungsebenen? Welchen Sinn macht es, dass das göttliche Bewusstsein sich selbst erfahren will und mit der Intention der Liebe alles erschafft?

Bis die Erkenntnis reift, dass das göttliche Bewusstsein den Sinn kennt und deshalb alles, was existiert, den Sinn in sich trägt, kann es dauern.

Selbst wenn die Erkenntnis, dass das göttliche Bewusstsein den Sinn kennt, akzeptiert wird, bleibt die Frage, warum sich dem einzelnen Geschöpf dieser Sinn nicht erschließt.

Das „Wir-Sind" kennt den Sinn, also kenne ich ihn auch, nur kann ich mich im menschlichen Dasein nicht erinnern – dieser Gedanke muss erst langsam Fuß fassen.

Engelseelen erfahren die Sinnlosigkeit des Daseins klar und deutlich und tragen im „Wir-Sind" den Funken der Heilung in sich. Denn sie kommen irgendwann an den Punkt, an dem eine absolute Stille eintritt, ein absoluter Zustand des Nicht-Seins. In diesen Momenten hört alles auf zu existieren. Auch die Fragen hören auf.

Auf dieser Bewusstseinsstufe zeigt sich für Engelseelen das „Wir-Sind" zugleich als „Nichts" und „Alles", als „Ich-Bin" und „Wir-Sind", als „Sinn" und „Sinnlosigkeit", als „Antwort" und „Nicht-Antwort", als „Information" und „Nicht-Information", als „Existenz" und „Nicht-Existenz" usw.

Die Engelseele ist jenseits von allem. Sie gibt sich dem Unerklärlichen hin und beginnt, es zu lieben. Dann reift die Erkenntnis, dass es sinnlos ist, den Sinn von Allem-was-ist erklären und verstehen zu wollen. Es reift die Erkenntnis, dass alles seine Richtigkeit hat, wie es ist, auch ohne Erklärung, einzig im Vertrauen, dass es ist, wie es ist. Das „So-Sein" kann nun mit Liebe gefüllt werden.

Engelseelen, die diesen Punkt nicht erreichen, werden so lange von den Gefühlen der absoluten Sinnlosigkeit geplagt, bis sie lernen, sich dem jetzigen Moment ihres Daseins hinzugeben und ihn zu lieben. Sie werden weise, und die Erfüllung ihrer Lebensaufgaben im Bereich ihrer Schöpfungsebene als engelgleiche Schwingung erhält Tiefe und Nachhaltigkeit sowie eine stille Freude und das Gefühl der Zufriedenheit.

Schlussendlich führt die Erfahrung der Sinnlosigkeit – wenn sie mit Weisheit gemeistert wird – zur vollständigen Akzeptanz und Liebe dieser Inkarnation. Endlich kann sich die Engelseele wohlfühlen als Mensch, ihre Andersartigkeit lieben und das „Ich-Bin" der irdischen Inkarnation mit dem „Wir-Sind" ihrer Schöpfungsebene verbinden.

Die Erfahrung einer spirituellen Sinnkrise ist für alle Seelen eine Erfahrung der Reife und Weisheit. Wird sie gemeistert, kann sie einer Engelseele den Weg zu einer gemäßigten Form des Daseins zeigen. Nun fällt auch das Gefühl des Getrieben-Seins weg. Die Engelseele erfüllt ihre Aufgaben mit Kraft und Muße, aber ohne Hyperaktivität und Schuldgefühle, den Anforderungen nicht gewachsen zu sein oder gar, den eigentlichen Lebensauftrag nicht erfüllen zu können. Sie grämt sich nicht mehr, auf der Erde zu sein, dem Schwingungsfeld der irdischen Inkarnationen zu unterliegen und sich mit dem „Ich-Bin" auseinandersetzen zu müssen. Stattdessen liebt und akzeptiert sie ihr Dasein und den göttlichen Auftrag der Liebe.

Was Engelseelen als Mensch guttut

Jede Seele muss sich während der Inkarnation als Mensch mit den irdischen Gegebenheiten konstruktiv auseinandersetzen. Aus welcher Schöpfungsebene die Seele auch stammt, sie ist körperlichen, seelischen und mentalen Zuständen, Situationen, Informationen, und Veränderungen unterworfen. Das Mensch-Sein ist für keine Seele einfach.

Engelseelen haben in der Regel ein schwaches Nervensystem und können dennoch innere Ruhe und Zufriedenheit ausstrahlen. Sie sind für andere stets Quelle des Lichts, der Erholung, der Heilung und Erquickung, empfinden ihr eigenes Dasein aber oft unausgewogen. Ihre Wirkung auf andere Menschen ist meistens phänomenal, auch wenn keiner merkt, dass das Mensch-Sein viel Kraft kostet.

Das fängt manchmal schon im Mutterleib an, zieht sich über die Geburt, Babyzeit und Kindheit bis hin ins späte Erwachsenenalter. Selbst im Alter haben Engelseelen mit der Schwere des irdischen Daseins zu tun.

Einige Engelseelen kommen mit leichten, mittelschweren oder gar schweren Erkrankungen auf die Welt. Diese Seelen tragen immer neben ihrer Hauptaufgabe auch den Aufgabenbereich der Segnung und Lobpreisung. Ihnen wird ans Herz gelegt, sich aktiv spirituell zu betätigen und als Moderator, Priester oder Zeremonienmeister eine spirituelle Gruppe ins Leben zu rufen, die von dem „Wir-Sind" geprägt ist, Geborgenheit und Halt vermittelt und wie ein Herzensgeschenk die Seelen der anderen berührt.

Doch es gibt auch Seelen, die sich mit der typischen Unauffälligkeit der Engelseelen ins Leben schleichen. Sie entsprechen dem Angepasst-Sein auf perfekte Weise, um unauffällig wirken zu können.

Alle Engelseelen haben dennoch immer wieder das innere Gefühl, anders zu sein. Dieses Gefühl möchte Erlösung finden und benötigt eine lebendige Spiritualität im Lieben. Das Lieben wird hierbei zum schöpferischen Prozess und Akt der verschmolzenen Selbst- und Nächstenliebe.

Es ist wichtig für Engelseelen, dass sie sich als Mensch selbst verwirklichen, auch wenn ihre seelische Schöpfungsebene das „Wir-Sind" ausdrückt und Selbstverwirklichung sie langweilt. Deshalb sollten Engelseelen einen Weg finden, stets das „Ich-Bin" mit dem „Wir-Sind" zu verbinden, das Irdische genießen und sich auf die Suche machen nach dem, was dem Selbst Energie schenkt.

Praktisch kann das so aussehen, dass sich Engelseelen kreativ betätigen. Vor allem das Werken und Wirken der Hände ist dabei gefragt. Kochen, Backen, Gärtnern, Malen, Schreiben, Handwerken, Basteln, Musizieren, Tanzen, Bildhauen, Massieren sind nur einige der kreativen Tätigkeiten, die dem Selbst dienen und als schöpferisches Werk den anderen zur Verfügung gestellt, also verschenkt wird.

Herstellen und Verschenken sind die wirksamsten Mittel, die Brücke zwischen der Selbstliebe und der Nächstenliebe zu schlagen und eine lebendige Spiritualität zu leben, die der Engelseele als Mensch guttut und ihrer Sehnsucht nach der Einheit von „Ich-Bin" und „Wir-Sind" entspricht.

Etwas schöpferisch zu kreieren und es dann anderen Menschen zur Verfügung zu stellen – ohne Bezahlung und selbstlos mit der Freude im Herzen, den Lebensauftrag der engelgleichen Schwingung auch auf diese unbeschwerte Art und Weise erfüllen zu können –, erlöst die Engelseelen von aller irdischen Pein.

Herstellen und Verschenken tut der Engelseele als Mensch gut. Es baut Stress ab, sorgt für Ausgeglichenheit und das Gefühl, trotz irdischer Inkarnation ein sinnvolles Leben zu führen.

Keine Engelseele sollte auf ihren Werken sitzenbleiben. Das macht ihr Leben nur schwerer, weil sie das Gefühl hat, etwas Wesentliches nicht zu erfüllen. Auch der Verkauf der Werke bringt keine Erfüllung, höchstens eine kurze und zwiespältige Freude, angeregt durch die irdische Gepflogenheit im Ausdruck nach Bewunderung, Anerkennung und der Intention, Geld zu verdienen.

Geld zu verdienen gehört zur irdischen Welt, und die Engelseele wird nicht umhin kommen, diesen Weg kraftvoll zu beschreiten und eben Geld zu verdienen. Das geschieht dann im soliden beruflichen Umfeld, denn Engelseelen sind keine Sozialschmarotzer. Sie werden immer wieder Wege finden, ihren Lebensunterhalt zu bestreiten.

Aber für die schöpferischen Werke, die man irdisch betrachtet auch als „Heilungs-Hobby" ansehen kann, gilt etwas anderes. Die schöpferischen Werke einer Engelseele wollen Flügel erhalten und Freude bereiten.

Geschieht das nicht, fehlt das Wesentliche, nämlich die Brücke zum „Wir-Sind". Und so endet dieser Weg meistens wieder in der Langeweile.

Es ist wirklich so: Engelseelen langweilen sich, wenn sie ihre Werke ausschließlich verkaufen, denn sie spüren im Inneren, dass sie nicht so handeln, wie es der schöpferischen Ebene ihres Daseins entspricht. Im schlimmsten Fall droht die Sinnlosigkeit, ein Burn-out sondergleichen. Verkaufen ist in Ordnung, aber nicht nur. Das eine oder andere Werk muss in Liebe jemand anderem oder einer Gemeinschaft zur Verfügung gestellt werden. Dann erst findet im Herzen der Engelseele Erfüllung statt.

Beides muss also das richtige Maß finden: Das Geldverdienen im Beruf und die Freude am grandiosen Fluss der gebenden Gaben, die keineswegs für ein Ungleichgewicht sorgen, sondern göttliche Gnade offenbaren.

Werden diese Werke mit Liebe hergestellt und ohne Bedingungen und Erwartungen auf ein Gegengeschenk verschenkt, dann werden sie zu göttlichen, gnadenvollen Geschenken. Sie zeigen den göttlichen Fluss der Liebe und dürfen mit Freude empfangen werden.

Kann dieses Geschenk vom anderen nicht angenommen werden, liegt genau darin die Lernerfahrung für den Beschenkten, zu lernen, sich selbst wertzuschätzen und zu wissen, dass er es wert ist, göttliche Gnade und Freude zu erhalten. Der Beschenkte hat es verdient, aus der Intention der göttlichen Liebe heraus beschenkt zu werden.

Als Mensch brauchen Engelseelen immer wieder auch die Erfahrung, das Leben genießen zu können und zu entspannen. Dazu gehören Ruhephasen, die nur ihnen allein gehören und in denen sie sich dem göttlichen Bewusstsein, der Zwiesprache mit Gott und den Ebenen ihres Schöpfungsbereichs hingeben können. Es wäre empfehlenswert, wenn sich Engelseelen dann auch räumlich keiner anderen Seelenschwingung aussetzen müssen. Das Alleinsein ist der wertvollste Moment ihres Alltags. Es öffnet den inneren Raum, um das „Ich-Bin" und das „Wir-Sind" zu verbinden, zu erfahren und daraus neue Kraft zu schöpfen.

Entspannung tritt dann ein, wenn die Engelseele mit viel Liebe die konkrete Lebenssituation annimmt und „Ja" zum

Mensch-Sein sagt. Dann wird der Engelseele bewusst, dass sie im irdischen Körper zwar Ausdruck göttlicher Vollkommenheit, aber gleichzeitig im Denken, Fühlen und Handeln vielschichtig ist, also weder perfekt, noch allwissend. Sie unterliegt den Gesetzen der Dualität und verkörpert alles, was das irdische Leben ausmacht.

Diese Tatsache entsetzt manche Engelseele immer wieder, denn ihr ganzes Sein drückt das Sehnen nach einheitlicher, fehlerfreier Göttlichkeit aus. Es fällt Engelseelen deshalb mitunter sehr schwer, sich selbst zu verzeihen, wenn sie ihren göttlichen Auftrag nicht perfekt erfüllen, Fehler machen und sich „ungöttlich" benehmen. Das erschreckt und ärgert sie gleichermaßen.

Dass das irdische Leben stets Verwirrungen mit sich bringt und keine Seele davor gefeit ist, muss von manchen Engelseelen erst einmal akzeptiert werden. Erst dann können sie ihr Dasein lieben, locker lassen, sich entspannen und das Leben so genießen, wie es ist.

Es hilft Engelseelen – wie auch allen anderen Seelen – zu wissen, dass der göttliche Traum für irdische Inkarnationen eben gerade diese Vielschichtigkeit vorgesehen hat. Auch wenn die Vielschichtigkeit wirr, anstrengend, paradox, uneinheitlich, holprig und nicht perfekt erscheint, ist sie genau das, was den göttlichen Traum des irdischen Lebens ausmacht.

Gott träumt die Verwirrung, so könnte man meinen. Und so ist es auch. Aber dahinter steht die Intention, in Liebe das Dasein in jeglicher Option der Einzigartigkeit zu erfahren. Die Erde ist der geeignete Ort, göttliche Vollkommenheit auf allen Ebenen „unperfekt" darzustellen.

Erst die Liebe zu dieser „unperfekten" göttlichen Ausdrucksmöglichkeit verändert das bewusste Denken und das individuelle, menschliche Gefühl. Dann tritt Entspannung ein, Wohlbefinden, Gelassenheit, innerer Frieden sowie Harmonie und Heilung.

Lernen Engelseelen, ihr Dasein zu lieben, fallen auch alle Dogmen von ihnen ab, die sie sich selbst in Bezug auf das Thema Ernährung auferlegt haben. Dann sind sie fähig, sich von allem zu ernähren, was die Erde ihnen schenkt, seien es Pflanzen oder Tiere, ohne sich selbst und die Erde für dieses Prozedere zu verabscheuen. Sie werden dennoch Zeit ihres Lebens darauf verzichten, lebendig aussehende tote Tiere und Pflanzen zu verzehren. Aber mit der Fähigkeit, genießen zu können, ziehen sie nötige Energie aus der Nahrung und versorgen ihren Körper optimal mit Nährstoffen. Ihr tiefes Empfinden und ihre Empathie werden weiterhin dafür sorgen, dass sie mit Liebe und Dank an jegliches Lebensmittel denken und jeden Bissen als heiliges Geschenk der Erde an sie selbst betrachten.

Ein weiterer Faktor, um als Mensch gesund und vital zu sein, ist der Aufenthalt in warmen (nicht heißen oder schwülen) Gefilden. Trockene, angenehme Wärme, viel Licht und Sonne lieben alle Menschen mehr oder weniger. Engelseelen aber finden dort die beste Anbindung an den Bereich ihrer Schöpfungsebene. Vor allem am türkisblauen Meer erleben sie die tiefe Wonne und den Segen der göttlichen Schöpfung. Sie finden das „Wir-Sind" in jedem Atemzug, in der wogenden Welle des Meeres, in jedem Windhauch und jedem Sonnenstrahl, der ihre Haut berührt.

Ist ihr Einsatzbereich in kalten Klimazonen, tut eine Reise ihren erschöpften Gemütern gut und verwöhnt sie mit dem manchmal sehr anstrengenden Auftrag innerhalb dieser irdischen Inkarnation.

Möglichkeiten der Entspannung, des aktiven Genießens, der inneren Ruhe und der kreativen Tätigkeit sind die Grundpfeiler für ein ausgeglichenes Leben und die optimale Energie für ihre Aufgabenbereiche.

Ist es nicht möglich, öfter in warmen Gegenden zu weilen, tut es der Engelseele trotzdem gut, sich immer wieder inmitten der Natur aufzuhalten. Der Kontakt mit Bäumen, Pflanzen, Tieren innerhalb von Gärten, Parkanlagen, Wälder, Wiesen und Feldern wirkt beruhigend und nährend auf alle Seelen. So auch auf Engelseelen.

Spazierengehen, aufs Land fahren und dort wandern, Rad fahren oder einfach nur verweilen, hilft zu entspannen und wieder neue Kräfte zu tanken. Ebenso helfen Gartenarbeit und das Versorgen von Tieren, Stress abzubauen und genügend Ruhe und Besinnlichkeit zu erfahren.

Für Engelseelen ist es stets wichtig, sich bewusst heimisch zu fühlen an dem Platz oder Ort, an dem sie gerade leben. Heimisch sein bedeutet, sich voll und ganz auf die Erde und alles Irdische einzulassen und stets den Leib der Erde mit allen Sinnen zu berühren. Nur wer sich ein-heimisch fühlt, kann dort, wo er ist, seine optimalen Kräfte entfalten und den Seelenauftrag mit voller Kraft erfüllen.

Sich verwurzeln mit der Erde, ganz bewusst und voller Liebe, ist der beste Weg, dieses Leben voll und ganz anzunehmen. Dieses Leben im Irdischen zu erfahren ist die Aufgabe für diese Inkarnation. Das bewusste Verankern und Verwurzeln hilft dabei, sich als wertvoller Teil der irdischen Natur und des Landes, der Erde, zu empfinden.

Manchen Menschen – ob sie eine Engelseele oder eine andere Seele sind – fällt es schwer, sich auf den Körper zu konzentrieren. Erst wenn körperliche Probleme auftauchen, wird das „Problem" der Überforderung oder Unterforderung erkannt, die Lebensweise überprüft und eventuell so verändert, dass wieder Harmonie für Leib und Seele einkehren können.

Sehr viele typische Zivilisationserkrankungen der westlichen Welt treten in Zusammenhang mit Stressfaktoren auf. Der Körper ist dauerhaft überflutet mit den Stresshormonen Cortisol und Adrenalin. Das Nervensystem ist aus den Fugen geraten, der Blutdruck steigt, das Herz rast, es kommt zu Schlafstörungen und schmerzhaften muskulären Verspannungen sowie Migräneattacken, Kopfschmerzen, Regelschmerzen, Verdauungsbeschwerden, depressiven Verstimmungen und allergischen Reaktionen.

Dem Dilemma der westlichen Leistungsgesellschaft sind alle Seelen ausgesetzt, wenn sie in westlichen Ländern leben. Engelseelen leiden ebenfalls – wenn nicht sogar vermehrt – unter den klassisch westlichen Auswirkungen der Leistungsgesellschaft.

Hier helfen oft einfache körperliche Strategien und Veränderungen in der Lebensweise, um wieder ins Gleichgewicht zu kommen. Sanfte Bewegungsarten wie Yoga oder Tai Chi, ein regelmäßiger Tagesablauf, eine vitalstoffreiche Ernährung, ausreichend Schlaf, den Genuss von Stille und Ruhepausen sowie ausreichend Licht und Sonne sind wichtige Faktoren, um Stress abzubauen.

Zum absoluten Stressabbau gehört es, das Leben so anzunehmen, wie es ist. Das fällt Engelseelen besonders schwer. Sie fühlen sich stets verpflichtet, ihren Seelenauftrag zu erfüllen und keine wertvolle Zeit zu vertrödeln, sondern aktiv zu werden und Taten folgen zu lassen.

Dennoch kann es sein, dass manche Inkarnationen nur bedingt dazu geeignet sind, den Seelenauftrag zu erfüllen. Das ist dann der Fall, wenn die Lebenssituation einzig die Wahlmöglichkeit lässt, die geistige Haltung zu den gegebenen Umständen zu verändern.

Das heißt, dass die Engelseele in diesem Augenblick oder Zeitraum nichts aktiv tun kann, um eine Lösung zu finden, eine Situation zu verändern und ihren Auftrag zu erfüllen. Regt sie sich jetzt über die Unfähigkeit zu handeln auf oder fällt in eine Depression, erlebt sie das Mensch-Sein als Hölle.

Sobald sie aber begreift, dass sie immer die Wahl hat, ihre geistige Haltung und innere Einstellung zu der gegebenen Situation zu verändern, nimmt sie den Druck heraus, der auf ihr lastet. Sie beginnt, das Leben so anzunehmen, wie es ist, nämlich mit all seinen Facetten, auch mit den Phasen, einmal handlungsunfähig zu sein, nichts tun zu können und keine Lösung parat zu haben für Schwierigkeiten, Anstrengungen und verfahrene und verzwickte Lebenssituationen.

Das bedeutet, einen Schritt zurückzutreten, sich zu entspannen und im Inneren nach einer neuen Perspektive zu suchen. Zum Beispiel, indem sich die Engelseele sagt, dass der richtige Zeitpunkt kommen wird, an dem sie wieder handlungsfähig ist. Oder indem sie weiß, dass es im Augenblick nichts bringt, die komplette Aufmerksamkeit auf die verfahrene Situation zu richten. Stattdessen richtet sie die Aufmerksamkeit darauf, Möglichkeiten zu finden, sich im menschlichen Dasein wohlzufühlen, Kraft zu tanken und im Augenblick aufzuatmen.

Manche Engelseelen begreifen diesen Aspekt von ganz allein und beginnen, sich mit der gegebenen Situation zu arrangieren, indem sie zu aktiv Liebenden werden. Sie versuchen, alles und jeden mit den Augen der Liebe zu sehen, positive Argumente zu finden, um die Situation zu erklären, sich einzufühlen in die Beweggründe der Mitmenschen, so und nicht anders zu handeln, und sich selbst, die Mitmenschen sowie die gesamte Situation mit liebenden Heilstrahlen zu nähren.

Auf diese Weise geschehen dann manche Wunder, und die Situation verändert sich schließlich. Das Wunderbare dabei ist, dass die Engelseele auf diese Weise voll und ganz ihren Seelenauftrag erfüllen kann. Denn sie geht gedanklich mit liebendem Mitgefühl und der Intention von Liebe, Verständnis, Wohlwollen und Akzeptanz in die gesamte Situation und erfüllt somit ihren engelgleichen Auftrag als Bote der Liebe.

Zusammenfassung: Was brauchen Engelseelen, um sich als Mensch wohlzufühlen?

- Das Leben und sich selbst so anzunehmen wie es/man ist, als ein Ausdruck göttlicher Liebe, aber nicht perfekt im grobstofflichen Traum Gottes auf der Erde.
- Sich genügend Ruhephasen gönnen, Pausen einlegen, wertvolle Zeit nur für sich allein verbringen.
- Lernen, das menschliche Dasein zu genießen, so gut es geht, und dennoch einen eigenen Weg zu suchen, sich im Leben wohlzufühlen, anders, als mit Hilfe der typisch menschlichen Vergnügungen.
- Aufenthalte in warmen Gefilden, in der Sonne und am Meer.
- Aufenthalte im Garten, im Wald, auf Feldern und Wiesen, in Parkanlagen und auf dem Land.
- Der Umgang mit Pflanzen und Tieren.
- Kreatives Arbeiten als Hobby und Seelenausgleich. Diese mit

Liebe hergestellten Werke sollen zum Großteil verschenkt werden, um das „Ich-Bin" mit dem „Wir-Sind" zu verbinden.

- Dasselbe gilt für Handarbeiten und andere schöpferische Gaben. Im Verschenken findet Erfüllung statt, Freude fließt.
- Eine Bewegungsart finden, die Entspannung und Wohlbefinden schenkt, zum Beispiel sanfte Yogaübungen, Atemübungen (finden sich im zweiten Teil dieses Buches bei den Liebesübungen), Tai Chi, freies Tanzen, Walking in der Natur, Spazierengehen usw.
- Abends mindestens eine Stunde vor dem Zubettgehen kein Fernsehen, kein Radio, auch keine Musik mehr (Musik nur, wenn sie guttut und ruhig und leise ist).
- Tagsüber warme Speisen und Getränke zu sich nehmen, Kräutertees oder auch nur heißes Wasser.
- Mit frischen Kräutern und Gewürzen kochen. So wirken zum Beispiel Kurkuma (unterstützt und heilt die Verdauung) und Muskatnuss (in warmer Milch mit schlaffördernder Wirkung) positiv auf den Körper.
- Wenn möglich, die Morgen- und die Abendsonne genießen. Frühmorgens das Gesicht mit geschlossenen Augen eine Minute lang direkt in die Sonne halten (abends dasselbe bei Sonnenuntergang).
- Mit seinen fünf Sinnen erspüren, welche Sinneseindrücke Wohlgefühl schenken, also was man gerne fühlt, sieht, hört, riecht und schmeckt, sich diesem aussetzen und es genießen. Das können sein: ein gutes Musikstück, ein Kalenderbild, der Duft einer Blüte, ein Wohlgeschmack, ein Kuscheltier zum Anfassen usw. Es gilt herauszufinden, was individuelle, positive Eindrücke fördert.

- Die Aufmerksamkeit bewusst auf angenehme Gesamteindrücke und Tätigkeiten des Alltags lenken, zum Beispiel: ein gutes Buch lesen, ein Wannenbad nehmen, bummeln gehen, im Liegestuhl in der Sonne liegen, einen Ausflug machen, einen Tee oder Kaffee mit Freunden trinken usw.
- Sich heimisch fühlen, sich verwurzeln mit dem Platz und dem Land, an dem die Engelseele gerade lebt.

Vorschläge, um sich heimisch im irdischen Leben zu fühlen:

- Suche dir einen Lieblingsplatz draußen in der Natur, den du mindestens einmal in der Woche aufsuchst, um eine Weile dort zu verbleiben.
- Verbinde dich mit deinem Lieblingsplatz und erfühle seine Stimmung.
- Umarme Bäume und erfühle ihre Stimmung.
- Beobachte die Natur, erkenne Vögel, lausche dem Rauschen des Windes, erkenne die Jahreszeiten, nimm den Regen wahr, beobachte den Verlauf des Tages, suche Tierspuren im Wald, berühre Steine, lege ein Kräuterbeet an oder hole dir Kräutertöpfe ins Haus, berühre die Erde, schau in den Sternenhimmel, beachte den Stand des Mondes, nimm die Himmelsrichtungen wahr, gehe wandern in der Stille, lerne die Geschichte deiner Stadt oder deines Dorfes kennen, suche heilige Plätze und Kraftplätze in der Natur auf, wie zum Beispiel Lichtungen, Wasserfälle, Höhlen, Quellen oder Plätze, an denen du spürst, dass dort eine besondere Energie herrscht, besuche heilige Gebäude, wie zum Beispiel Kapellen, Kirchen, Ritualplätze, besondere Gebäude, Schlösser und Burgen.

- Errichte dir zu Hause einen Lieblingsplatz, den du so schmückst und gestaltest, dass er dir Freude bereitet. Dorthin begibst du dich, wenn du Entspannung und Erholung brauchst. Wenn du möchtest, kannst du einen kleinen Altar errichten und dort meditieren, dich erden, dich selbst wahrnehmen lernen und dich im menschlichen Dasein verwurzeln.

Ein Verwurzelungsspruch, um dich heimisch zu fühlen:

Suche deinen Lieblingsplatz in der Natur auf oder begib dich an deinen Lieblingsplatz zu Hause. Sprich leise oder laut folgende Worte:

„Ich bin dankbar, hier in diesem Leben zu sein. Dies ist jetzt mein Zuhause für dieses Leben. Ich nehme dieses Leben voller Freude an und verwurzele mich im Dasein. Hier ist mein Zuhause. Hier bin ich heimisch. Hier sind mein Heim und meine Kraft für alle meine Aufgaben in diesem Leben. Mutter Erde trägt mich, versorgt mich, heißt mich willkommen im Leben. Ich bin hier richtig. Ich bin ein Mensch. So sei es. Amen."

Ein Ritual, um dich zu verwurzeln:

Stell dich mit beiden Beinen fest auf den Boden. Strecke beide Arme in den Himmel und spüre die Kraft der Verbundenheit zwischen Himmel und Erde. Spüre in deine Füße hinein und nimm die Kraft von Mutter Erde in dir auf. Werde dir bewusst, dass Mutter Erde nun dein Zuhause ist und dich trägt. Du bist stets in Verbundenheit mit der Geistigen Welt. Nimm das wahr über die ausgetreckten Arme. Alles ist gut so, wie es ist. Schüttele anschließende die Arme aus und bewege dich. Lass die Erfahrung der Verwurzelung in dir nachwirken.

Engelseelen zwischen Schuldgefühlen und Kränkungen

Jede Seele folgt ihrem Seelenauftrag. Vor jeder Inkarnation auf der Erde werden Seelenverträge neu ausgehandelt, um bestimmte Lernerfahrungen zu machen.

Erdenseelen haben hierbei die Intention, den Weg der Liebe immer wieder aufs Neue zu entdecken und als Mensch zu entfalten. Engelseelen haben die Intention, ihren Aufgabenbereich optimal zu erfüllen und für andere Seelen wegweisend, helfend, unterstützend, beratend und begleitend da zu sein.

Werden nun Seelenverträge zwischen Erdenseelen und Engelseelen geschlossen – vor der Inkarnation –, kann das bedeuten, dass die Engelseele der Erdenseele einen unbequemen Weg aufzeigen muss, damit diese den Weg der Liebe entdecken kann. Und Erdenseelen zeigen ebenso anstrengende Konstellationen für die Engelseele auf, damit diese ihren Aufgabenbereich erfüllen kann. Beide Seelen erklären sich bereit, Umwege in Kauf zu nehmen und den irdischen Parametern des „göttlichen Unperfekt-Seins" zu entsprechen. Spannungsfelder werden erlebt, weil es der göttliche Traum für die Erde so vorsieht. Darüber hinaus entscheidet der menschliche freie Wille, wie dieses Spannungsfeld im menschlichen Körper erlebt und gemeistert wird.

Jede Seele, die auf Erden inkarniert, übernimmt deshalb hin und wieder den Bereich des „Arschloch-Engels". Das bedeutet, dass manchmal harte, klare Worte, Diskussionen, Streitgespräche und Handlungen nötig sind, um andere Menschen in ihre Schranken zu weisen oder auf etwas Wichtiges aufmerksam zu machen. Dieser Aufgabenbereich unterliegt allen auf der Erde inkarnierten Seelen und wird entweder vom freien Willen des Menschen initiiert oder so konstruiert, dass eine entsprechend unangenehme Situation entstehen muss, weil sonst wichtige Lernerfahrungen nicht gemacht werden können.

Arschloch-Engel werden für eine kurze Zeitspanne zu unbequemen Zeitgenossen. Sie weisen andere in ihre Schranken, werden laut, sagen Nein oder verweigern ihre Hilfe. Auf die eine oder andere Art verletzen sie dabei ihre Mitmenschen.

Diese gekränkten Menschen erhalten dadurch die große Chance, seelisch zu wachsen, zu reifen und zu einer Veränderung im Leben inspiriert zu werden, nämlich dann, wenn sonst wichtige Lernerfahrungen, Lebensentscheidungen und Schritte nicht unternommen würden und der Mensch in einem hinderlichen Muster hängenbleiben würde. Mit ihrem deutlichen, manchmal recht harten Auftreten sorgen die Arschloch-Engel dafür, dass der andere endlich selbst aktiv wird.

Meistens ist es ja bequem und praktisch, die Verantwortung abzugeben, ausschließlich zu jammern oder sich treiben und mitziehen zu lassen. Der andere soll Lösungen finden, den Weg ebnen und etwas tun.

Erst das klare „Nein" eines Arschloch-Engels hilft dann, die Dinge wieder selbst in die Hand zu nehmen, wichtige Veränderungen herbeizuführen und der Sehnsucht der Seele zu folgen.

Auch Engelseelen übernehmen hin und wieder die Aufgabe des Arschloch-Engels, aber sie leiden extrem darunter, so und nicht anders gehandelt oder sich verhalten zu haben. Sie tun es dennoch, weil es situationsgebunden keine andere Möglichkeit gibt, als den anderen mit harten Worten oder klaren Grenzen wachzurütteln. Hier kommen auf jeden Fall die Abmachungen der Seelenverträge zum Einsatz.

Engelseelen wissen dann intuitiv genau, dass sie zu diesem Zeitpunkt klar und deutlich Grenzen setzen müssen, und verlassen den Pfad des Nett-Seins. Daraus folgt eine menschliche schmerzhafte Erfahrung, die für alle Beteiligten zunächst bitter ist, dann aber den Weg ebnet und neue Türen auftut. Das gehört ebenfalls zu den Aufgaben der Engelseelen. Sie sind Türöffner für andere Menschen, um ihnen Wege zu weisen, sich selbst zu erkennen. Das geschieht im Einzelfall auf eine wenig nette Art und Weise.

Allerdings fühlen sich Engelseelen durch so eine Situation sehr gestresst und brauchen viele Augenblicke der Abgeschiedenheit, um wieder mit sich ins Reine zu kommen. Wie lange es dauert, bis sich eine Engelseele von dieser Aktion erholt hat, ist individuell verschieden. Das Gefühl, eine karmische Verstrickung produziert zu haben, kann zudem belastend sein, wenn andere Menschen enttäuscht und desillusioniert werden. Dass es manchmal nicht anders geht, als jemanden „zu schubsen", macht es nicht besser.

Hinzu kommt, dass die anderen Menschen in dieser Aktion alles andere als einen Akt der Nächstenliebe sehen und keineswegs dankbar sind, dass sie so klar und deutlich auf ein verfahrenes Muster hingewiesen wurden, sondern beleidigt reagieren. Sie schmollen, wüten, sind enttäuscht, gekränkt und verletzt.

Nicht immer ist die Aktion der klaren Worte von Erfolg gekrönt. Die menschliche Schwäche der Selbsterkenntnis lässt so manches Individuum trotzig im selben Muster verweilen.

Die Engelseele hat es zumindest versucht und leidet fast noch mehr unter der Tatsache, so und nicht anders gehandelt zu haben.

Die Aufgabe als Arschloch-Engel ist am unbeliebtesten und wird nur ungern ausgeführt. Keine Seele reißt sich um diesen Part. Aber wenn sie dem Wohl und der Seelenreifung des Einzelnen dient, wird sie tapfer angegangen. Auch die Konsequenzen daraus werden tapfer ertragen, denn es kann gut möglich sein, dass es zum Bruch zwischen den Betroffenen kommt. Das ist eine schmerzliche Erfahrung für alle Beteiligten, die die Engelseele in Kauf nehmen muss.

Auf der Seelenebene wurde es vertraglich so festgelegt, menschlich schmerzt es trotzdem und gehört zu den bittersten Erfahrungen.

Dann heißt es, den anderen in Frieden weiterziehen zu lassen, sich selbst zu verzeihen und weiterhin den Pfad der Liebe und des Friedens zu beschreiten.

Alle Seelen in einem menschlichen Körper sind immer wieder in der Position, Fehler zu begehen und manchmal einen Tritt zu benötigen, der die Sicht wieder frei macht. Das gilt auch für Engelseelen. Es ist menschlich und gehört zur irdischen Erfahrung, in Situationen zu geraten, die für Schuldgefühle sorgen (zum Beispiel als Arschloch-Engel, wenn man klare Worte oder Maßnahmen ergreifen muss, damit jemand eine Lektion lernt) oder für seelische Verletzungen, wenn man selbst in seine Schranken gewiesen wird oder anderweitig Angriffe erlebt. Das sind dann die anstrengenden Wege im Irdischen, um den Seelenauftrag erfüllen zu können.

Viele Engelseelen sind die idealen Blitzableiter. Sie sind mitunter immer wieder seelischen Verletzungen ausgesetzt, weil andere ein Ventil brauchen, um Dampf abzulassen, ihren Frust loszuwerden und eigene Enttäuschungen auf sie zu projizieren. Normalerweise sind Engelseelen als Menschen gut geschützt, und sie halten auch viel aus, auch wenn sie empfindsam und feinfühlig sind und unter den Verletzungen zu leiden haben.

Sie erkennen sofort die Pein der Seele des Angreifers, fühlen sich in ihn ein mit ihrer extrem entwickelten Empathie und verzeihen schnell, weil sie verstehen, warum der andere so gehandelt hat. Eventuell begreifen sie auch den für die irdische Inkarnation vorgesehenen Seelenauftrag, die Abmachungen zwischen den Seelen, der hinter der ganzen Aktion steckt. Dennoch wirken diese Verletzungen menschlich belastend und führen dazu, dass Engelseelen mit der Zeit geschwächt werden.

Starke Engelseelen, die der Spur ihrer Seelenbestimmung folgen und kraftvoll am Wirken sind, um den Auftrag dieser Inkarnation zu erfüllen, können Verletzungen gut abschütteln. Da aber das irdische Leben auch für Engelseelen die typischen Herausforderungen, Krisen und Krankheiten mit sich bringt, kann es sein, dass Kränkungen und Verletzungen absolut vernichtend wirken, wenn die Engelseele mit dem irdischen Dasein zu kämpfen hat.

Kurzfristig brechen vom irdischen Leben geschwächte Engelseelen richtiggehend ein, wenn eine Kränkung erfolgt, vor allem dann, wenn sie völlig haltlos ist und nur dem Frustabbau des anderen dient – Seelenvertrag hin oder her.

Völlig grundlose und haltlose Kränkungen – wie aus heiterem Himmel – müssen Engelseelen immer wieder ertragen und einstecken. Sie wehren sich nur, wenn die Kränkung substantiell so schwächend ist, dass der Lebensauftrag der Engelseele gestört wird. Dann wehrt sich die Engelseele mit scharfen Worten oder bricht auch schon mal einen Kontakt ab.

Eventuell wechselt die Engelseele (endlich) in die abgesprochene Rolle des Arschloch-Engels und weist den anderen dermaßen in die Schranken, dass ein wichtiger Lernprozess gemacht werden kann, der den anderen (endlich) weiterbringt und ein Muster durchbrechen lässt, das die Seelenreifung verhindert hat. Solche Aktionen kosten menschlich gesehen aber immer Kraft.

Weder werden Engelseelen gerne gekränkt, noch wollen sie in die Rolle des Arschloch-Engels geraten. Beides ist ihnen im Grunde absolut zuwider. Sie lieben es, harmonische Wege zu beschreiten und sich mit Menschen zu umgeben, die liebevoll, rücksichtsvoll und höflich sind. Diesbezüglich hadern sie mit der Inkarnation und den irdischen Wegen. Sie hadern auch damit, sich auf solch einen Seelenvertrag eingelassen zu haben, auch wenn sie akzeptieren, dass dieser genau die Aktion heraufbeschwört, dass die andere Seele eine neue Tür geöffnet bekommt, ihre Seele weiterhin in Liebe zu entdecken und hin zur Liebe entfalten zu können.

Ist die Aufgabe des Arschloch-Engels genau der Weg, einer anderen Seele die Tür zu öffnen, dann gehört sie mit zur Aufgabe ihres engelgleichen Schöpfungsauftrags und macht Sinn für die Engelseele. Menschlich gesehen ist sie dennoch bitter und verleitet zu Fehlentscheidungen

Ist die Engelseele körperlich oder seelisch geschwächt, weil sie krank ist oder nicht der Spur ihrer Seele folgen kann, kann es auch vorkommen, dass sie Fehler macht, feige reagiert oder aus Angst vor Verletzungen schon vorab flüchtet oder Maßnahmen ergreift, die sie schützen. Oder dass sie anderen mit scharfen Worten begegnet, obwohl die Situation gar nicht so schlimm war.

Fast immer aber beinhaltet jedes scharfe Wort einer Engelseele eine wichtige Lernerfahrung für eine andere Seele und resultiert aus einer Kränkung, Bevormundung oder Manipulation, sodass wichtige Grenzen aufgezeigt werden müssen.

Engelseelen sind stets darauf bedacht, niemanden absichtlich zu kränken. Sie verhalten sich wohlwollend, liebevoll, herzlich und offen, dem engelgleichen Schöpfungsauftrag entsprechend. Dennoch kann es sein, dass sich eine andere Seele von der Engelseele gerade durch ihr liebevolles Verhalten gekränkt fühlt. Diese paradoxe Empfindung tritt immer dann auf, wenn der anderen Seele durch das liebevolle Verhalten der Engelseele ein Spiegel vorgeführt wird und sie erkennt, dass ihr selbst zurzeit dieses liebevolle Verhalten fehlt. Zu erleben, dass man selbst im Augenblick unfähig ist, liebevoll und herzlich zu sein, macht wütend und wirkt kränkend und verletzend. Die eigene Unfähigkeit rückt ins Bewusstsein und wird im Inneren nicht liebevoll geheilt, sondern zunächst als Affront empfunden. Gefühle wie Neid und Missgunst können hinzukommen und wirken schlussendlich ebenso verletzend, als hätte die Engelseele einen bösen Angriff gestartet. Die Engelseele hat sich aber einfach nur so verhalten, wie sie ist. Sie wird zur Projektionsfläche der anderen Seele und kann dadurch Kränkungen in ihr auslösen.

Auf der Seelenebene ist alles klar. Die Seelenverträge sind abgesprochen. Auf der menschlichen Ebene herrschen aber destruktive Gefühle. Ist eine Erdenseele als Mensch sehr schnell beleidigt und gekränkt, auch innerhalb banaler Situationen – sei es ein schiefer Blick, ein Lächeln zum falschen Zeitpunkt, ein nicht gesagtes Wort, eine unerwartete Reaktion, eine nicht erfüllte Erwartung – ‚fehlt es ihr an Selbstbewusstsein. Es mangelt ihr an einer gesunden Verbundenheit und Integration von Leib und Seele. Ihr Selbstbild ist schwankend und auf das Verhalten der Umwelt fixiert. Das Urvertrauen in die eigene Göttlichkeit ist gestört, und so finden solche Menschen auch immer wieder Beweise dafür, wie ignorant, niederträchtig, gemein und bösartig die ganze Welt, die Nachbarn und Mitmenschen sind. Es wird ein Sündenbock gesucht, der an allem Schuld ist, nach dem Motto: Die ganze Welt ist schlecht, nur ich bin recht.

Es ist eben nach wie vor Aufgabe der Erdenseele, das „Ich-Bin" zu erkennen und in Liebe zu erlösen.

Engelseelen haben zur Aufgabe, das „Ich-Bin" mit dem „Wir-Sind" zu verbinden und sind als Mensch weniger schnell beleidigt. Gelingt ihnen die Brücke vom „Ich-Bin" zum „Wir-Sind", erkennen sie sofort, dass alles immer eins ist. Das Beleidigt-Sein macht also für sie keinen Sinn. Aber es kann sein, dass sie auf Erdenseelen treffen, denen jegliches Urvertrauen fehlt und die sofort auf alles gekränkt reagieren, auch auf das Dasein der Engelseele. Der Seelenvertrag lässt grüßen.

Solche Menschen stellen trotz allem für Engelseelen einen Stressfaktor dar. Aber gerade sie gehören zum direkten Einsatz der Engelseele, zum Beispiel, weil es sich um Familienmitglieder handelt. Dann wird die Engelseele Wege finden, dem Menschen die eigene Göttlichkeit als Kraftquelle wieder nahezubringen und ihn zu motivieren, die wunderbare Stärke, Grenzenlosigkeit und Unendlichkeit der Seele im eigenen Inneren zu erfahren. Dann entfaltet die Engelseele genau ihren göttlichen Auftrag aus der engelgleichen Ebene ihrer Daseinsschöpfung.

Um irdische Situationen besser zu verarbeiten und dich als Mensch von Gefühlen der Schuld und Kränkung zu erlösen, ist die folgende Meditation gedacht.

Mache es dir bequem, atme einige Male tief ein und aus und schließe die Augen. Entspanne dich. Erlaube dir, deinen Alltag hinter dir zu lassen und ganz bei dir selbst anzukommen. Atme noch einige Mal tief ein und aus.

Nun stellst du dir vor, wie du am türkisblauen Meer sitzt. Die Sonne scheint warm und angenehm und lässt das Wasser leuchten. Die intensiven Farben des Meeres nehmen dir alle Belastungen, der Meereswind streichelt deinen Körper und nimmt alle Sorgen mit sich. In der Ferne siehst du, wie sich das türkisfarbene Blau des Meeres mit dem hellen Blau des Himmels am Horizont vereint. Du fühlst dich wohl und geborgen an diesem wunderschönen Strand.

Stell dir nun vor, wie ein schimmernder Engel dir gegenüber Platz nimmt. Es ist der Engel der Heilung und Erlösung, der dir nun Erlösung und Befreiung schenkt und die Situation von Grund auf reinigt und klärt.

Lege deine Hände in die Hände des Engels. Spüre, wie wundervolle Lichtkraft der Heilung in dich hineinströmt.

Sprich nun zu dem Engel:

„Im Namen des göttlichen Bewusstseins, erlöse mich von meinen Schuldgefühlen. Lass Vergebung zu allen Menschen und in alle Situationen hineinfließen, mit denen ich zu tun habe und die mir begegnet sind. Erlöse mich von Gefühlen der Kränkung, Schwäche und Enttäuschung. Erlöse mich von allen schuldhaften Verstrickungen und verfahrenen Situationen. Ich verzeihe mir selbst. Ich bitte um Verzeihung. Ich sende liebende Heilstrahlen zu allen Menschen, in denen ich Enttäuschungen ausgelöst habe. Ich sende mir selbst ebenso diese liebenden Heilstrahlen, um meine Gefühle der Kränkung und Enttäuschung zu heilen. Danke. In Liebe. So sei es. Gott, dein Wille geschehe!"

Der Engel der Heilung und Erlösung hält deine Hände weiterhin und reinigt deine Gefühle. Nun öffnest du ihm dein Herz, um von dort einen klaren Heilstrahl der Liebe auszusenden. Der Engel der Vergebung wird deinen heilenden Herzensstrahl zu allen Menschen senden, die du in diesem irdischen Leben verletzt hast und die dich verletzt haben.

Dir ist bewusst, dass ihr alle in diesem irdischen Leben und menschlichen Körper die Verträge eurer Seelenwege erfüllt.

Danke dafür, dass sich alle Seelenwege so erfüllen, wie es der göttliche Traum vorgesehen hat.

Danke dafür, dass du dich befreit und erlöst fühlst und alle schmerzhaften irdischen Erfahrungen nun von dir genommen sind. Göttliche Gnade wirkt in dir und durch dich in alle Situationen hinein und zu allen Menschen, die in dieser irdischen Inkarnation mit dir verflochten sind.

Nun atme noch einmal tief ein und aus und kehre langsam wieder zurück in deinen Alltag, indem du dich reckst und streckst, Arme und Beine bewegst und die Augen öffnest.

Geburt und Tod von Engelseelen

Wenn Engelseelen inkarnieren, werden die Weichen hierfür optimal gestellt. Ganz bewusst wird im feinstofflichen Bereich die geeignete Konstellation gesucht, um auf die Erde zu kommen. Das gilt ebenfalls für Inkarnationen innerhalb anderer Existenzen.

Engelseelen inkarnieren niemals „aus Versehen", weder auf der Erde, noch sonst irgendwo. Ihr Einsatzbereich ist genau umschrieben, fest geplant und freiwillig angenommen. Entsprechend ist jeder Engelseele immer bewusst, dass sie die komplette Verantwortung für die Inkarnation übernimmt, auch wenn es Momente gibt – vor allem im irdischen Leben – die ihr vorkommen, als ob sie strafversetzt wäre. Dann sehnt sie sich schon mal danach, den Auftrag zu beenden.

Im tiefen Inneren aber weiß sie – was auch immer ihr an Leid und Prüfungen begegnet –, dass die Inkarnation freiwillig so gewählt wurde, klar und bewusst im Dienst des göttlichen Geistes. Der göttliche Wille stimmt mit ihrem Willen überein. Dieses Bewusstsein trägt jede Engelseele in sich, was auch immer geschieht.

Entsprechend stimmt die Engelseele auch bewusst allen Parametern der Empfängnis und Geburt zu, sowie am Ende der Inkarnation allen Parametern des Sterbens.

Engelseelen ist stets bewusst, dass alles so geschieht, wie es der göttliche Plan für diese Inkarnation vorgesehen hat. Auch wenn der freie Wille des Menschen wirksam wird, gibt sich jede Engelseele dem göttlichen Willen hin und vertraut darauf, dass das Richtige geschehen wird.

Engelseelen vertrauen immer der göttlichen Führung. Das gelingt ihnen deshalb so gut, weil sie einen schwach ausgeprägten menschlichen Willen haben, der fast nicht in Aktion tritt. Persönliche Wünsche bedeuten ihnen nichts. Sie sind glücklich, wenn sie ihren Lebensauftrag erfüllen können.

Diese Tatsache macht es ihnen auch leicht, keine Ängste in Bezug auf das Sterben und den Tod zu entwickeln. Ist ihr Auftrag in einer Inkarnation abgeschlossen, ist es selbstverständlich, in den feinstofflichen Bereich zu wechseln und einen neuen Einsatz zu planen.

Es kann also gut sein, dass Engelseelen plötzlich und unerwartet sterben, wenn klar ist, dass sie die wichtigsten Bereiche dieser Inkarnation erfüllt haben. Dabei kann es auch einmal zu einer Planänderung kommen. Oder der Auftrag ist eben erfüllt. Dann findet sich ein Weg – über einen Unfall oder eine Krankheit –, diese Inkarnation zu verlassen. In Absprache mit den anderen Seelen sind der Tod und die Erfahrung für die Hinterbliebenen meistens sowieso innerhalb von Seelenverträgen – die zwischen den Inkarnationen getroffen werden – festgelegt.

Das göttliche Bewusstsein ist stets fähig, seinen Traum allen seinen Geschöpfen anzupassen. Der freie Wille des Menschen spielt dabei natürlich auch eine Rolle, und so ist es Gott „ein Vergnügen", die Bedingungen für eine einzige Inkarnation zu verändern. Dann verändern sich auch die Parameter für das Sterben. Dann stirbt der Mensch eben früher, als es die eigentliche Bestimmung vorgesehen hat. Aber auch das geschieht niemals völlig haltlos. Die Option dafür wurde vor der Inkarnation schon ins Auge gefasst. Die Seele erhält dann eine andere Daseinsform innerhalb einer erneuten Inkarnation.

Was für den einzelnen Menschen eine schmerzhafte Erfahrung ist, zum Beispiel, wenn die Engelseele, die eventuell die liebe Mama ist, plötzlich stirbt, gehört innerhalb des göttlichen Traums zu einer neuen Traum-Variation. Absprachen auf der Seelenebene zwischen den Inkarnationen haben aber auch das – sowie alle möglichen Optionen – festgehalten. Auf der Seelenebene und eingebettet in den göttlichen Traum der Schöpfung macht alles Sinn. Der Traum wird verändert, und nichts und niemand geht verloren im Traum des göttlichen Bewusstseins. Er wechselt die Ebenen, die Formen des Seins und die Ausdrucksmöglichkeiten der Existenz.

Genau das ist Engelseelen tief in ihrem Inneren bewusst. Deshalb kennen sie keine Angst, weder vor dem Leben oder dem Tod, noch vor der Form ihres Daseins und der göttlich geträumten, vorgegebenen Realität der gesamten Schöpfung.

Gottes Wille geschehe.

Darauf verlässt sich die Engelseele voll und ganz. Sie weiß, dass sie innerhalb einer göttlich erträumten Schöpfung als real gewordener Ausdruck der liebenden Intention nichts zu befürchten hat. Ihr ganzes Dasein liegt im göttlichen Bewusstsein des Schöpfertraums, sozusagen in Gottes Hand. Diesem Gedanken und dieser Gewissheit kann sie sich voll und ganz hingeben und als Mensch die nötige Energie für den göttlichen Auftrag ihres Daseins aufwenden, statt für angstvolle Empfindungen, was aus ihr, der Menschheit und dem Universum wird.

Dieses unerschütterliche Gottvertrauen führt sie stets weiter auf all ihren Wegen, hindurch durch alle Inkarnationen.

Engelseelen benötigen auch keine Nahtoderfahrungen. Nahtoderfahrungen sind meistens dann nötig, wenn ein Seelentausch erfolgen soll, sodass Seelenteile einer Engelseele mit einer anderen Seele – die schon eine Weile als Mensch auf der Erde gelebt hat – getauscht werden. Nun kann die Engelseele – oder einige ihrer Engelseelenanteile – mit der anderen Seele tauschen. Auch das wurde vor der Inkarnation festgelegt.

Natürlich erleben auch Engelseelen Nahtoderfahrungen. Solch eine Nahtoderfahrung ist immer eine große Chance, das Seelenwachstum voranzutreiben. Da Engelseelen aber einen anderen Weg benötigen, um ins Herz Gottes zurückzukehren, nutzen sie die Nahtoderfahrungen einer anderen Seele, um sich einen Teil der Inkarnation „zu sparen". Sie übernehmen den Körper in Absprache und können nun ihren Lebensauftrag als Engelseele erfüllen.

Vernetzung mit anderen Seelen

Engelseelen sind stets mit allen anderen Seelen vernetzt. Gott träumt alle Seelen als liebende Gemeinschaft, aus welcher Schöpfungsebene sie auch stammen und welchen Einsatzbereich sie auch immer haben. Alles Beseelte ist immer Teil des göttlichen Bewusstseins und deshalb untrennbar mit allem verbunden.

Engelseelen kommt deshalb kein besonderer Platz innerhalb des göttlichen Traums zu. Sie sind Teil des Ganzen. Und alle Seelen finden im Feinstofflichen zueinander und erkennen die Traumpfade, die das göttliche Bewusstsein für sie gewoben hat. Nach jeder Inkarnation finden sich die Seelen wieder, tauschen sich aus und freuen sich, die Schwingung der Liebe miteinander zu teilen, bis sie aufs Neue inkarnieren.

Das göttliche Bewusstsein ist unerschöpflich, was die Schöpfungsbereiche des träumenden Bewusstseins betrifft. Das bedeutet, dass alles innerhalb des göttlichen Traums veränderbar und flexibel ist. Nichts unterliegt starren Hierarchien, Normen oder Strukturen. Alles erfindet sich neu in einem unaufhörlichen Akt der Liebe. Die liebende Schöpfung kennt keinen Anfang und kein Ende. Und alle Seelen befinden sich als Teil des liebenden Traums stets als Manifestationen der Liebe wieder.

So beinhaltet der göttliche Schöpfungstraum mehrere Seelentypen, die immer wieder miteinander zu tun haben und innerhalb von Seelenfamilien miteinander verbunden sind. Innerhalb von Seelenfamilien gibt es nicht nur Seelentypen einer einzigen Schwingungsfrequenz. Das heißt, dass in einer Seelenfamilie nicht nur Engelseelen sind, sondern Seelen unterschiedlicher Schöpfungsebenen.

Im feinstofflichen Bereich des göttlichen Traums kommen alle Mitglieder einer Seelenfamilie immer wieder gerne zusammen. Man hat Freude daran, sich zu begegnen und abzustimmen, in welcher grobstofflichen Inkarnation man sich wiedersieht und welche Erfahrungen man dort miteinander erlebt, jeder Seelentyp natürlich nach seiner Schöpfungsfrequenz.

Hier werden auch die Seelenverträge geschlossen, wann man wem in welcher Konstellation begegnen möchte und was man miteinander als Menschen erleben und erfahren will (auch die unangenehmen Lernerfahrungen, wie zum Beispiel die Rolle des Arschloch-Engels).

Das irdische Dasein wird vornehmlich von Erdenseelen zur Inkarnation beseelt. Doch mittlerweile gibt es ein regelrechtes „Seelen-Multikulti" auf der Erde. Es inkarnieren ebenso häufig Sternenseelen, Feenseelen und Engelseelen im irdischen Dasein, um den irdischen Traum Gottes kennenzulernen, auf der Erde im Einsatz zu sein oder das Seelenwachstum zu beschleunigen.

Der Begriff Sternenseelen ist hierbei nur ein Sammelbegriff für Seelen, die vornehmlich in anderen Sonnensystemen und Universen zu Hause sind und als Seele den irdischen Traum Gottes kennenlernen wollen. Natürlich unterliegt jede Sternenseele wiederum dem liebenden Bewusstsein ihres eigenen Traumpfads. Doch welche Inkarnationsweise für die Sternenseele im allgemeinen üblich ist, – die Inkarnation auf der Erde ist für jede Sternenseele eine harte und anstrengende Erfahrung.

Sternenseelen fühlen sich im menschlichen Körper und auf der Erde mehr als fremd. Sie fühlen sich unwohl und verwirrt. Eine Sternenseele leidet viel mehr als alle anderen Seelentypen unter den irdischen Erfahrungen. Das Gefühl der absoluten Fremde wird sich durch die gesamte Inkarnation ziehen und es den Sternenseelen schwer machen, als Mensch Fuß zu fassen.

Fast immer kennen Sternenseelen eine unbändige Sehnsucht nach dem ursprünglichen Bereich ihres Inkarnationstraums. Sie sehnen sich nach „zu Hause" und haben oft konkrete Vorstellungen davon, wo ihr Zuhause zu finden ist, also innerhalb welchen interstellaren Bereichs sie sonst inkarnieren. Diese Erinnerung tragen sie unauslöschlich in ihrem Herzen. Auch vom Aussehen wirken viele Sternenseelen sehr fremd. Sie unterscheiden sich durch ihren manchmal andersartigen Körperbau, ihre einzigartigen Gesichtszüge, ihr Verhalten und ihre Lebensweise von allen anderen Seelen. Fast immer versuchen sie, ihr Leben still und unauffällig zu meistern, sind oft skurrile Einzelgänger mit faszinierenden Gedanken und einem gigantischen Wissen, das seltsam anmutet und darauf hinweist, dass diese Sternenseele wirklich aus einer völlig anderen Inkarnationserfahrung stammt.

Feenseelen hingegen wirken meistens leicht, beschwingt, lebenslustig und manchmal auch ein wenig oberflächlich. Ihr göttlicher Inkarnationstraum ist fest mit der Erde verbunden und findet in einer parallelen Bewusstseinsebene statt.

Sie bringen ein enormes Erinnerungsvermögen an ihre ursprüngliche Schöpfungsebene mit, haben aber weniger Schwierigkeiten, sich mit der menschlichen Ebene zurechtzufinden als Engel- oder Sternenseelen. Sie passen sich ganz gut an, stoßen aber bei dem Thema „Schwere und Ernst des Lebens" an ihre Grenzen. Denn in ihnen liegt die Gabe der Leichtfüßigkeit, der Muße und der Vergnügungen, auch wenn sie sich eingliedern und ihren täglichen Aufgaben ohne Murren nachgehen. Das menschliche Jammern liegt ihnen nicht, sie strahlen überwiegend Fröhlichkeit aus, die gepaart ist mit einem Hauch Schabernack und lustiger Überraschungen.

Feenseelen inkarnieren auf der Erde, um die Schönheit der Schöpfung aus einer anderen Perspektive kennenzulernen und mit Liebe zu huldigen. Sie verwöhnen ihre Mitmenschen mit kreativen Gaben, mit Kunst, Tanz und Musik sowie mit einer Unbeschwertheit, die unbegreiflich scheint und manchmal seltsam anmutet.

Ihnen allen zur Seite stehen meistens eine oder mehrere Engelseelen aus derselben Seelenfamilie.

Das himmlische Seelentreffen

Im feinstofflichen Bereich der göttlichen Bewusstseinsschwingung treffen sich alle Seelen einer Seelenfamilie wieder, zumindest die, die zurzeit keinen grobstofflichen Körper besitzen. Seelenfamilien bestehen – wie schon erwähnt – aus verschiedenen Seelentypen. Engelseelen, Erdenseelen, Feenseelen und Sternenseelen gehören zu ihnen und gesellen sich zu ihrer Seelenfamilie.

Das himmlische Seelentreffen versöhnt und erfreut alle Seelen und wird während der Inkarnationen genutzt, sich auszutauschen und die göttliche Schwingung der Liebe frei fließen zu lassen.

Endlich finden auch diejenigen Dualseelenpaare zueinander, die innerhalb grobstofflicher Inkarnationen nicht gemeinsam agieren konnten oder bei denen ein Dualseelenpartner früher vom Grobstofflichen zum Feinstofflichen wechselte, und teilen die Schwingung der Liebe miteinander. Alle Seelen einer Seelenfamilie, aber auch seelenfamilienübergreifend, berühren sich in Liebe, Dankbarkeit, segensreicher Glückseligkeit und Freude.

Diese heiligen Momente geschehen im Glanz strahlender Licht- und Klangerfahrungen und sind Teil des göttlichen Traums. Im Feinstofflichen ist ein wunderbarer Austausch möglich, der alle Ebenen des feinstofflichen Daseins miteinander verbindet.

Das himmlischen Seelentreffen wird aber auch dazu genutzt, sich für eine erneute Inkarnation zu entscheiden und der Seelensehnsucht Raum zur Entfaltung zu geben, wenn Seelen sich in Liebe vereinen und beschließen, einen irdischen Einsatz – oder einen Einsatz auf einem anderen Planeten – miteinander zu planen.

Seelen planen ihre Inkarnationen bewusst, wobei Engelseelen oft nach einem irdischen Einsatz auf ein anderes Bewusstseinsfeld im feinstofflichen oder grobstofflichen Bereich vorbereitet werden. Das heißt, sie wechseln den Einsatzort und wählen die dort üblichen Parameter der Inkarnation, denn nicht überall werden grobstoffliche Körper benötigt, und nicht überall herrschen dieselben Raum-Zeit-Bedingungen vor. Ihr Aufgabenbereich bleibt aber stets derselbe und entstammt der engelgleichen Schwingung ihrer Seelenschöpfung.

Das himmlische Seelentreffen öffnet und verbindet alle Schöpfungsebenen auf der feinstofflichen Ebene. So können sich alle Seelen miteinander austauschen und ebenso in Liebe Kontakt zu den Engeln aufnehmen.

Feinstoffliche Engel stehen allen Seelen zur Seite, in welche Inkarnation sie sich auch begeben mögen. Stets sind ein oder sogar mehrere Engel anwesend, die aus der feinstofflichen Ebene heraus die grobstofflichen Körper beschützen, bewachen und begleiten.

Engelseelen wissen das. Sie sind der „verlängerte Arm der Engel" und erfüllen die Aufgaben der engelgleichen Schöpfungsebene, in welcher Daseinsform sie sich auch befinden mögen. Das himmlische Treffen ermöglicht es den Engelseelen, den Engeln direkt zu begegnen und aus dieser Begegnung heraus Stärke und Durchhaltevermögen für den nächsten Einsatz innerhalb einer grobstofflichen Inkarnation zu erhalten.

Engelseelen zwischen den Inkarnationen

Das himmlische Paradies innerhalb des göttlichen Traums im feinstofflichen Bereich erschafft sich jede Seele selbst. So entstehen nach dem Verlassen des irdischen Körpers Bewusstseinsebenen der Harmonie und Schönheit, wenn Engelseelen sterben. Diese Bewusstseinsebenen formieren wunderbare Klang- und Farbmuster in herrlichsten Harmoniefrequenzen. Jede Engelseele erschafft sich ihr eigenes Paradies.

Meistens schwingt dieses Paradies als Garten Eden in der feinstofflichen Bewusstseinsebene der Engelseele. Es entstehen Gärten der Poesie und Kunst, der Üppigkeit und Pracht, voller Lichterfunken, Bahnen aus Himmelsklang und vibrierender Farbe, des betörenden Duftes, kristalliner Struktur und visueller Dimensionen spürbarer Seligkeit.

Engelseelen kehren immer zurück in diese heilsamen Frequenzen aus Licht, Liebe, Harmonie und Schönheit. Ihre eigenen zauberhaften Garten erwarten sie, damit sie sich regenerieren und nach anstrengenden Inkarnationen Klarheit und Erholung erfahren können.

Da viele Engelseelen just dort im Einsatz sind, wo Missstände herrschen und der göttliche Traum ein „unperfektes" Szenario erschaffen hat, ist die Erholung im feinstofflichen Bereich zwischen den Inkarnationen bitter nötig.

Immer wieder inkarnieren Engelseelen zu einem Zeitpunkt auf einem Planeten, der entweder von einem schwarzen Loch verschlungen wird oder anderweitig seine Existenz verliert. Diese sogenannten „Endzeitszenarien" erleben Engelseelen mit. Sie sind fast immer dabei, wenn der göttliche Traum das Ende, die Vernichtung eines Planeten oder gar Sonnensystems erschafft.

Die Intention der Liebe des göttlichen Bewusstseins kennt keine Grenzen. Und so wechseln die Ebenen der Existenz im Mikro- wie im Makrokosmos. Grobstoffliches verwandelt sich und nimmt andere Ebenen an. So eine Verwandlung geschieht dann schon mal als große Auslöschung der Materie. Ein Planet stirbt.

Für alle Seelen, die innerhalb einer grobstofflichen Existenz diese Verwandlung miterleben, sind die Auswirkungen anstrengend. Sie werden manchmal sogar traumatisch erfahren – mit irdischen Worten ausgedrückt, denn der wahre Seins-Zustand im Grobstofflichen eines jeden Planeten ist stets individuell, kann aber im Augenblick nur mit irdischen Worten und im Vergleich mit der irdischen Existenz erfasst werden. Die grobstofflichen Existenzformen eines jeden Planeten sind eben individuell und können im Grunde nicht mit der menschlichen Existenz verglichen werden.

Von all diesen Erfahrungen im Grobstofflichen erholen sich die Seelen, und zwar alle Seelen, ob Sternenseele, Erdenseele, Engelseele oder Feenseele.

Erinnerungen an andere Inkarnationen

Engelseelen wählen in der Zeit zwischen den Inkarnationen den Grad und das Zeitmaß der Erholungsphase. Sie inkarnieren in der Regel nicht sofort wieder, sondern bereiten sich auf ihren nächsten Einsatzort vor, nachdem sie sich in ihrem selbst erschaffenen Paradiesgarten regenerieren konnten und göttliche Liebe auf der feinstofflichen Ebene ihrer engelgleichen Schwingungsebene erfahren haben.

Dennoch sind alle Inkarnationserfahrungen stets im gesamten Speicher der Schöpfungsebene einer Engelseele abrufbar. Jedes Detail einer Inkarnation kann abgerufen werden. Mehr noch: Jede Engelseele kann prinzipiell alle Daten aus dem gesamten Kollektiv der Schöpfung in sich selbst projizieren und unter Umständen abrufen. Sie muss die Erfahrung nicht einmal selbst gemacht haben. Das bedeutet, dass alle Trauminhalte des göttlichen Bewusstseins – Gottes Bewusstseins – abrufbar sind.

Das bedeutet darüber hinaus, dass es Engelseelen gibt, die Erinnerungen mit sich bringen, sobald sie auf der Erde geboren werden, die vielleicht von ihnen selbst oder von einer anderen Seele in einer letzten Inkarnation erlebt wurden.

Es ist also möglich, in einem menschlichen Gehirn eine Erinnerung zu projizieren, die aus dem kollektiven Traum Gottes stammt. Das ist vor allem das Schicksal der Engelseelen. Ihnen ist es auferlegt, trotz der Begrenzungen des menschlichen Gehirns an ein breites Spektrum von Erinnerungen anzuknüpfen.

So werden Engelseelen als menschliche Kinder geboren, die von Anfang an eine Erinnerung an eine Inkarnation oder mehrere Inkarnationen mitbringen (ob von sich oder jemand anderem), mit der oder denen sie sich auseinandersetzen müssen.

Geschieht das, ist es Bestandteil des Seelenplans der einzelnen Engelseele. Es ist Absicht, mit dieser Erinnerung/diesen Erinnerungen geboren zu werden. Die Erinnerungen werden zu einem wichtigen Faktor für die jetzige Inkarnation als Mensch. Oft kommt im Laufe des Lebens der Zeitpunkt, an dem diese eine wichtige Rolle spielen und dazu beitragen, dass die Weichen anders gestellt werden. Sind die Erinnerungen erfreulicher Natur, sind sie für das gesamte Nervensystem des Körpers angenehmer als eine Erinnerung, die von einer Vernichtung eines Planeten erzählt.

Gravierende Erinnerungen im menschlichen Gehirn, die aus einer anderen Inkarnation stammen, sind stets Bestandteil des Lebensplans und bewusst gewählt. Wie schon erwähnt, ist es möglich, dass sich eine Engelseele noch auf der feinstofflichen Ebene zwischen den Inkarnationen entscheidet, eine Erinnerung einer anderen Seele „auszuleihen" und sich „einzuverleiben". So, wie Seelenverträge zwischen allen Seelen getroffen werden, gehört auch das Thema „Erinnerungen" zu den Abmachungen vor der Inkarnation. Der göttliche Traum kennt unendlich viele Möglichkeiten, sich selbst zu erleben.

Erinnerungen sind bewusst gewählt, um den Lebensauftrag der engelgleichen Schöpfungsebene besser erfüllen zu können. Leider sind sie nicht immer schön und angenehm. Im Gegenteil: Die unangenehmen Erinnerungen sind oft wichtige Bestandteile, damit Engelseelen ihre Inkarnationsaufträge verwirklichen können.

Belastende Erinnerungen, die eine Engelseele als Mensch bewusst mit sich bringt, können allerdings im irdischen Dasein zu menschlichen Traumen führen. Das geschieht vor allem dann, wenn der Mensch im Stadium der ersten Erinnerung noch klein ist, zum Beispiel als Säugling. Nicht selten bringen Schreibabys solch eine Erinnerung mit. Diese Erinnerung kann so stark und mächtig sein, dass sie das Gehirn des Babys für eine gewisse Zeit komplett blockiert. Das heißt, dass es dann besonders schwierig ist, das Erinnerungsfeld zu verlassen. Das Baby schreit und schreit, und nichts scheint zu helfen.

Für Eltern dieser Schreibabys ist es eine große Herausforderung, den Mechanismus zu durchbrechen, der die Erinnerung stets aufs Neue ins Bewusstsein rückt. Schreibabys, die von belastenden Inkarnationserinnerungen regelrecht geplagt werden, wirken wie „eingerastet", gefangen in ihrer Erinnerung. Sie lassen sich kaum ins Wachbewusstsein zurückholen. Oft „sehen" sie zum Beispiel, wie ein ganzer Planet in Flammen aufgeht, wie alles explodiert und alles Grobstoffliche sofort und schockartig die Ebene wechselt. Sie spüren den Schock, hören die mit dem abrupten Ende verbundenen Geräusche, erleben alle Eindrücke so, als ob sie gerade erst stattfinden.

Diese Erinnerungen kehren immer wieder. Manchmal sogar täglich oder nächtlich. Die Wiederkehr der Erinnerung sorgt dafür, dass sich der menschliche Schleier des Vergessens nicht über den Menschen legt. Denn es ist geplant, dass diese Erinnerung in der jetzigen Inkarnation eine Rolle spielt.

Wenn du selbst unter solch einer Erinnerung gelitten hast oder noch leidest, weißt du, was hier gemeint ist. Vielleicht hast du aber auch alles im Laufe deines Lebens verdrängt, dass sich dieser Teil wie gelähmt anfühlt. Eventuell wecken diese Worte jetzt dein Erinnerungsvermögen. Ist es wichtig, dich an etwas aus einer anderen Inkarnation zu erinnern – sei es deine eigene oder eine andere Erinnerung –, wird es jetzt geschehen. Diese Worte werden der Schlüssel dazu sein. Erschrick also nicht!

Deine Seele hat diese Erinnerung geplant, und es ist wichtig, sie jetzt wieder in dir entstehen zu lassen. Du wirst jetzt auch bereit sein, dich mit der Erinnerung konstruktiv auseinanderzusetzen und ihre Botschaft zu erkennen. Denn nur darum geht es: um die Bedeutung und die Botschaft für die jetzige Inkarnation. Durch diese Erinnerung soll dir etwas klar werden, oder du sollst ein Werkzeug an die Hand bekommen, um wichtige Schritte zu unternehmen, die zum Aufgabenbereich als Engelseele gehören.

Bist du Elternteil eines Schreibabys, das womöglich unter einer Erinnerung leidet, dann akzeptiere, dass diese Erinnerung irgendwann wichtig für dein Kind sein wird. Es ist keine einfache Zeit für dich, aber du kannst deinem Kind beistehen, indem du es verstehst, es tröstest und es mit strahlender Liebe versorgst.

Kennzeichen einer belastenden Erinnerung bei einem Schreibaby sind:

- Das Kind schreit immer zur gleichen Zeit oder innerhalb eines gleichen Zeitrahmens, zum Beispiel zwischen ein Uhr und zwei Uhr nachts.
- Das Kind wirkt wie weggetreten und gefangen. Es nimmt keinen Blickkontakt auf, ist weit weg und schreit ununterbrochen ohne ersichtlichen Grund.
- Streicheln, berühren, wiegen, mit dem Kind sprechen, es beruhigen – nichts wirkt. Das Kind nimmt dich überhaupt nicht wahr, sondern lebt komplett in der Erinnerung. Bei manchen Kindern wird es sogar schlimmer, wenn du sie berührst oder mit ihnen sprichst.
- Wird das Kind von einer Erinnerung geplagt, dann weint es

nicht, indem es schluchzt oder quengelt, sondern es schreit. Und zwar massiv, manchmal schrill und anhaltend. Dieses Schreien unterscheidet sich von allen anderen Schreiattacken aus Überreizung, Hunger, Müdigkeit usw. Das Schreien ist durchdringend und konstant und macht das Entsetzen deutlich, das im Augenblick erinnert wird.

- Sobald das Kind wieder „zu Bewusstsein" kommt, erwacht es und beruhigt sich allmählich von alleine.

 Was du tun kannst:

- Bleib bei deinem Kind, sei in der Nähe und berühre es, wenn du merkst, dass es ihm guttut. Wenn nicht, nimm deine Hände wieder zu dir. Manchen Kindern hilft es, an den Füßen berührt zu werden. Berührungen am Kopf können während der Erinnerungsphase schmerzhaft sein.
- Manche Kinder lassen sich auf den Arm nehmen, schreien aber weiter und nehmen dich nicht wahr. Dennoch tut es ihnen gut, Körperwärme zu spüren. Halte dein Kind nah an deinem Herzen. Ein spürbarer Herzschlag kann erlösend wirken.
- Manche Kinder lassen sich auf und ab wiegen. Führe Schaukelbewegungen aus, die senkrecht sind, also auf und ab. Wiege rhythmisch und stets im gleichen Takt.
- Sende deinem Kind heilende Energien, indem du dir vorstellst, liebende Strahlen aus deinem Herzen zu deinem Kind fließen zu lassen. Hülle es in Licht und Liebe.
- Manchen Kindern hilft es, leise beruhigende Worte oder ein Gebet zu sprechen, oder einen beruhigenden Singsang anzustimmen.

- Bitte die Engel, sich um dein Kind zu kümmern und ihm aus der Erinnerung herauszuhelfen.
- Akzeptiere, dass es manchmal Zeit benötigt, bis das Kind wieder zu Bewusstsein kommt.
- Vor allem bleib selbst ruhig. Gerate nicht in Panik. Bleib so ruhig wie möglich und begreife, dass es der Weg ist, den die Seele deines Kindes für diese Inkarnation gewählt hat.
- Schütze dein Kind tagsüber vor zu viel Reizüberflutung. Gönne ihm Ruhe, gehe mit ihm draußen spazieren, gestalte den Tagesablauf rhythmisch, klar und gemütlich.
- Gönne dir selbst immer wieder Phasen der Erholung, damit du Kraft hast für den nächsten Erinnerungsschub deines Kindes.

Die Bedeutung von wichtigen, wiederkehrenden Erinnerungen

Bringt die Engelseele von Beginn ihres menschlichen Lebens an eine so vehemente Erinnerung mit, dass sie immer wieder auftritt, ist dieses Erleben bewusst gewählt und dient dem Zweck, eine Botschaft in die jetzige Inkarnation zu bringen, die wichtig für den Einsatz und den Lebenssinn der Engelseele ist.

Das Gute ist, dass es nicht immer schreckliche und verstörende Erinnerungen sein müssen, die die Engelseelen plagen.

Folgende Erinnerungen treten bevorzugt auf:

- Erinnerungen an planetarische und kosmische Zerstörung im großen Stil, zum Beispiel der Untergang eines Sonnensystems oder die Vernichtung eines Planeten.
- Erinnerungen an kriegerische Handlungen im Universum.
- Erinnerungen an Vernichtung grobstofflicher Existenzen.
- Erinnerungen an Seelenpartner und Mitglieder der Seelenfamilie.
- Erinnerungen an Transformationsprozesse zwischen der feinstofflichen und der grobstofflichen Ebene, also der Wechsel von einer in die andere Ebene. Im Irdischen würde man das Geburts- und Sterbeprozesse nennen.
- Erinnerungen an vertraglich festgelegte Parameter während der Erholungsphasen zwischen den Inkarnationen.

Die Wichtig- und Dringlichkeit der Erinnerungen sind individuell. Prinzipiell gilt, dass alle Erinnerungen an kosmische Vorgänge – einschließlich Vernichtungsszenarien – dazu dienen, den individuellen Einsatzbereich auf kosmische Vernetzungen mental auszudehnen. Engelseelen, die sich an interstellare Situationen erinnern, werden aufgefordert, als Mensch diesem Bereich einen Stellenwert im Leben einzuräumen. Dahinter steckt die Absicht, das menschliche Bewusstsein auf das gesamte Universum zu lenken und nicht nur irdischen Parametern zu folgen. In welchem Bereich die Engelseele auch immer tätig ist, der planetarische Gedanke eines vereinten Universums soll Teil des Engagements und der Lebensaufgabe der Engelseele sein. Engelseelen sind dann besonders als „Friedensengel" tätig. Sie weisen auf eine höhere Weisheit hin, die weit über das Irdische hinausgeht und die gesamte Schöpfung umfasst.

In der Aufgabe des Friedenengels sind diese Engelseelen besonders als Autoren, Journalisten, Reporter, Fotografen, aber auch als Politiker im Einsatz. Sie übermitteln die immerwährenden Botschaften des Friedens, der Vernetzung und der Einheit der Schöpfung über alle Ebenen und Daseinsexistenzen hinweg.

Erinnerungen an Seelenpartner helfen, die richtigen Seelenpartner rechtzeitig zu erkennen und mit ihnen gemeinsam zum Wohl der Menschheit wirksam zu werden. Die Erinnerung ist nicht dazu ausersehen, persönliche Bedürfnisse nach menschlicher Romantik und Intimität innerhalb einer Beziehung zu gewähren, sondern gilt dem übergeordneten Interesse zum Wohl des Universums. Würde es ausschließlich um Beziehungen und Partnerwahl gehen, würde sich diese Erinnerung nicht so vehement zeigen. Es kann also sein, dass diese Seelenpartner im Irdischen nichts, aber auch gar nichts teilen, was ihrem Leben ein Stück Romantik bescheren und eine harmonische Beziehung fördern würde. Diese Seelenpartner treffen sich wirklich einzig und allein aus einem höheren Sinn. Sie wissen um ihre Zusammengehörigkeit und ahnen die immense Aufgabe, die sie sich für diese Inkarnation vorgenommen haben, aber der irdische Alltag gestaltet sich anstrengend, mitunter schwierig, weil es keine gemeinsamen irdischen Interessen gibt.

Erinnerungen, die sich auf den Wechsel der Ebenen beziehen – Transformationsprozesse, Geburts- und Sterbevorgänge –, zeigen auf, dass Botschaften an andere Menschen weitergegeben werden sollen, um Ängste zu lösen und wegweisend zu sein für die Selbstverwirklichung und Seelenreifung von Erdenseelen. Engelseelen sind dann Mittler und Botschafter, um Erdenseelen beizustehen.

Transformieren und Erlösen belastender Erinnerungen aus verschiedenen Inkarnationen

Alle Inkarnationsparameter jeder Inkarnation werden im Inkarnationsfeld gespeichert. Weilt eine Seele im menschlichen Körper, wird die Information bis in die Zellen hinein gespeichert. Erdenseelen, die ausschließlich auf der Erde inkarnieren, tragen in ihren Zellen die Erinnerung an alle ihre vorherigen Inkarnationszyklen als Mensch.

Engelseelen tragen in ihren Zellen alle Erinnerungen an alle ihre Inkarnationszyklen, zum Teil noch Informationen anderer Seelen. Da ihre Einsatzorte und Inkarnationsparameter unterschiedlich und zahlreich sind, wird nicht immer jede Information gespeichert, sondern es werden manchmal nur Fragmente in den menschlichen Zellen ihres Körpers hinterlegt. Das ist von Engelseele zu Engelseele verschieden und hängt von der Anzahl ihrer Inkarnationszyklen und ihren Einsatzorten ab. In der Regel ist alle Erinnerung vorhanden und kann bewusst erinnert werden.

Engelseelen werden dann als Mensch meistens im Schlaf von diesen Erinnerungen heimgesucht. Meistens sind es die schrecklichen Erinnerungen, die sich vehement bemerkbar machen und im Traumgeschehen auftauchen. Aber Engelseelen können auch während des Wachbewusstseins plötzlich eindeutige Visionen erhalten. Manchmal tauchen die Erinnerungen während einer Meditation auf, während eines Spaziergangs oder während einer monotonen Tätigkeit. Diese Erinnerungen sind dann so fremd in Bezug auf irdische Erfahrungen, dass sie als Erinnerung an eine Inkarnation innerhalb einer anderen Existenzform gedeutet werden können.

Erinnerungen haben immer ihre Bedeutung! Sie sind stets Wegweiser, um den persönlichen Einsatzbereich entweder optimaler auszudehnen oder die Weichen für eine globale Transformation neu zu stellen.

Das bedeutet, dass diese Erinnerung bewusst wahrgenommen und bearbeitet werden will, bevor sie dann gelöscht werden kann.

Es macht also wenig Sinn, eine Erinnerung so schnell wie möglich wieder loszuwerden. Zuerst soll ihre Botschaft erkannt werden. Danach kann sie problemlos erlöst werden. Sie muss dann sogar erlöst werden, um wieder mehr Kraft zu haben, der engelgleichen Aufgabe dieser Inkarnation gerecht zu werden.

Sobald also die Botschaft erkannt worden ist und entsprechend die Weichen danach gestellt worden sind, wird es Zeit, die Erinnerung zu erlösen.

Alle Engelseelen können diese Erinnerung am besten verarbeiten und somit erlösen, indem sie sich direkt an die Ebene der Engel wenden.

Eine Engel-Seelenreise wirkt diesbezüglich transformierend und erlösend. Die folgende Meditation hilft dir, die Erinnerungen zu erlösen, sobald ihre Botschaft erkannt wurde.

Setze dich bequem hin, schließe die Augen und atme einige Male tief ein und aus. Du entspannst dich und spürst, wie du innerlich immer mehr zur Ruhe kommst. Nichts ist mehr wichtig. Du hast Zeit für dich und spürst Ruhe und Stille wohltuend in Leib und Seele.

Atme noch einige Male tief ein und aus.

Nun schicke deine Gedanken an einen Ort deiner Wahl. Es sollte ein idyllischer Ort sein, an dem du dich wohlfühlst, zum Beispiel eine Waldlichtung, eine blühende Wiese, ein schöner Garten, ein warmer Strand am türkisblauen Meer oder unter einem beschützenden Baum.

Finde dich an diesem wunderbaren Platz ein und schau dich um. Genieße die Umgebung um dich herum, die Schönheit, Wärme und Wohlbefinden ausstrahlt.

Nun bitte den Engel der Erinnerungen zu dir. Rufe ihn mit sanfter Stimme. „Engel der Erinnerungen, komm zu mir und höre mein Rufen."

Warte, bis du die Anwesenheit dieses Engels wahrnehmen kannst. Nicht immer zeigt sich der Engel der Erinnerungen direkt. Manchmal spürst du seine Anwesenheit einfach nur oder hörst seine Stimme. Es ist immer gut so, wie es ist. Der Engel der Erinnerung wird auf jeden Fall zu dir kommen, auf jeden Fall!

Er bringt dir eine große Pergamentrolle. In dieser Rolle ist die auftretende Erinnerung aufgezeichnet. Alles, was du dazu wissen musst, ist in dieser Rolle sichtbar und hinterlegt. Die gesamte Erinnerung ist detailliert aufgezeichnet. Du kannst noch einmal alles durchlesen und dir den entsprechenden Film dazu anschauen. Der Engel der Erinnerungen legt dir die Pergamentrolle mit den Aufzeichnungen in die Hände. Öffne nun deine Hände mit den Handflächen nach oben.

Sieh in Gedanken, wie das warme Licht der Sonne die Pergamentrolle berührt und somit alle Erfahrungen, die diese Erinnerung umfassen, transformiert. Der Engel der Erinnerungen sendet zusätzlich weißes, klares, energiereiches und göttlich heilsames Licht auf die Rolle. Gleichzeitig wird das göttlich heilsame Licht in alle deine Körperzellen gesandt. Du wirst gereinigt und mit der Information des Wohlbefindens neu programmiert. Alle deine Körperzellen erstrahlen kraftvoll, leuchtend und unbeschwert. Du wirst auf allen Ebenen deines Seins. verwandelt.

Die belastende Erinnerung ist nun erlöst.

Und so geschieht es!

Während der Erlösung löst sich die Pergamentrolle auf und zerfällt zu goldenem Staub. Deine Erinnerung ist jetzt komplett erlöst worden. Du bist frei, geklärt und gereinigt.

Bedanke dich bei dem Engel der Erinnerungen für seinen Beistand.

Atme noch einige Male tief ein und aus. Genieße es, dich frei zu fühlen und den Ort der Heilung zu genießen.

Es geht dir gut! Du bist geheilt, erlöst und befreit!

Kehre nun langsam wieder zurück in deinen Alltag. Strecke dich aus, bewege Finger und Zehen. Öffne die Augen und fühle dich wie neugeboren und völlig unbelastet. Neue Energie durchströmt dich. Es geht dir gut. Du fühlst dich wohl.

Die Kindheit einer Engelseele

Gott träumt seine Geschöpfe aus der Intention der Liebe heraus. Er erschafft Seelen, die bestimmten Schwingungsebenen zugeordnet werden können und die einen bestimmten Schöpfungsauftrag erhalten, um Erfahrungen in allen Bereichen des Daseins machen zu können.

Alle Seelen tragen dieses Bewusstsein in sich, wenn sie als Kinder auf der Erde geboren werden. Im Zustand der Kindheit macht der Mensch keine Unterschiede, was andere Menschen – und somit auch andere Seelen – betrifft.

Kinderseelen ist bewusst, dass alle Seelen göttlichen Ursprungs sind. Engelseelen sind nicht höherwertig als andere Seelen, sie haben lediglich einen anderen Schöpfungsauftrag und wurden mit unterschiedlichen Frequenzen der Liebesintention erschaffen. Jede Seele weiß das, ob sie eine Engelseele, eine Erdenseele oder eine andere Seele ist. Das Schöne dabei ist, dass Kinder dieses Bewusstsein noch lange mit sich tragen, bis es individuell verblasst und durch die Prägung der Eltern und der Umwelt verändert wird.

Doch jede Engelseele trägt weiterhin diese Gewissheit in sich und behält Fragmente dieser tiefen Weisheit in sich wach. Während Erdenseelen im Laufe ihrer Kindheit bewusst ihre Göttlichkeit vergessen, um die Erfahrung der fließenden Liebe unbeeinflusst und aus freien Stücken des Mensch-Seins in sich erfüllen zu können, bleibt Engelseelen stets ein Rest der Erinnerung. Diese erinnerte Anbindung ans göttliche Bewusstsein macht es ihnen leicht, auch schon als Kind ihre Lebensaufgaben anzugehen.

Viele Engelseelen sind am Anfang ihres Lebens Schreibabys und für ihre Eltern erst einmal eine große Herausforderung. Eine Engelseele im Haus zu haben, ist nicht immer einfach, weil diese Kinder sehr oft krank sind, besondere Schwächen aufweisen oder sich seltsam verhalten. Sie sind keine Draufgänger und gehören auch nicht zu den Kindern, die dauernd unruhig sind, stören und auf sich aufmerksam machen wollen. Eher das Gegenteil ist der Fall. Diese Kinder scheinen entweder sehr exotisch, weil sie besondere Weisheiten von sich geben, die die Erwachsenen in Staunen versetzen, oder weil sie so angepasst sind, dass man sie weder hört noch sieht.

Dennoch haben sie dieses liebe Strahlen an sich, das ihnen hilft, die Menschen ihres Auftrags um sich zu scharen und so ihren Lebensauftrag zu erfüllen.

Sie sind entweder sehr liebe oder sehr besondere Kinder, die manchmal fast stumm erscheinen und dann plötzlich tiefgründige Reden schwingen und die Weichen stellen, damit die Familie davon profitieren kann.

Je nach Auftrag gehören sie zu den geselligen Menschen, die für eine große Gruppe von Menschen zuständig sind, oder zu den Einzelgängern, die eher aus der Stille und im Hintergrund in Erscheinung treten.

Engelseelen sind keine besseren Menschen. Sie sind nichts Höheres, Besseres, Würdigeres als jede andere Seele. Das wissen Engelseelen-Kinder Zeit ihres Lebens, und es stört sie tief in ihrem Inneren, wenn sie ausgrenzende Witze hören, abfällige Bemerkungen über Randgruppen oder andere Arten von Anfeindungen gegenüber Ausländern, Frauen, Kindern, Homosexuellen, Andersgläubigen und Andersdenkenden.

Politische Debatten, dogmatische Glaubensfragen und Diskussionen über abgrenzende Themen hassen sie schon als Kind. All das löst in ihnen tiefes Misstrauen und das Gefühl von Ungerechtigkeit aus, manchmal sogar Abscheu, meistens aber Langeweile – und so schalten sie innerlich auf Durchzug, wenn sich die Erwachsenen ereifern und sie die Diskussionen mitbekommen.

Engelseelen begreifen die Welt schon als Kind anders. Und ihre Lustlosigkeit und Interessenlosigkeit, was menschliche Vergnügungen angeht, ist jetzt schon deutlich ausgeprägt.

Was sie gar nicht mögen ist die Tatsache, dass ihre Eltern mit ihnen angeben, weil sie so lieb, angepasst, exotisch, strahlend oder weise sind. Auf ihre persönliche Art und Weise verweigern sie jeglichen Leistungsanspruch, das Streben nach Anerkennung und Bewunderung. Schon in der Kindheit sind Engelseelen angeödet von irdischen Gepflogenheiten und den albernen Spielen von Erfolg, Macht, Geldverdienen und Leistung.

Aber da sie keine aufmüpfigen Kinder sind, entziehen sie sich charmant, still und leise immer wieder geschickt den Anforderungen der irdischen Gesellschaft. Oder sie sitzen die Problematik einfach aus, zum Beispiel in der Schule. Sie sind es gewöhnt, durchzuhalten und dann Einsatz zu zeigen, wenn es die Lebensbestimmung so vorgesehen hat. Und das kann auch schon mal im Kindergarten oder in der Schule sein.

Ansonsten sind Engelseelen-Kinder so einzigartig, wie es Kinder nur sein können. Sie sind keine besseren Kinder, nur weil sie Engelseelen sind, sondern tragen alle menschlichen Charaktereigenschaften in sich, die für diese Inkarnation wichtig sind, bestimmend durch ihre individuellen Gaben und Talente, aber auch durch ihre charakterlichen Schwächen.

Engelseelen und Partnerschaft

Nicht alle Engelseelen suchen sich bewusst einen Partner für die menschliche Inkarnation. Manche wissen von vorneherein, dass es für Ihren Lebensauftrag besser und sinnvoller ist, alleine zu leben. Ob eine Engelseele eine Partnerschaft eingeht, hängt also immer von ihrem persönlichen Lebensauftrag für diese Inkarnation ab. Ist ihr Einsatzbereich innerhalb einer Familie geplant, dann wird der passende Partner zur Seite sein, so lange, bis sich dieser Einsatzbereich erfüllt hat.

Dass sich zwei Engelseelen als Paar finden, ist – noch – relativ selten. Das liegt daran, dass in dem Fall die irdische Welt die Partnerschaft zu verlockend gestaltet. Es würde die Gefahr bestehen, im romantischen Taumel zu versinken, die Welt zu vergessen und sich völlig den Wonnen der Einheit und der Liebe hinzugeben.

Das mag zwar für die Personen innerhalb dieser Inkarnation die absolute Erfullung darstellen, entspricht aber nicht dem Sinn des Lebens der Engelseelen.

Engelseelen kommen mit dem klaren Auftrag aus ihrer engelgleichen Schöpfungsebene auf die Welt. Dieser Auftrag hat Priorität vor allem anderen, auch vor der romantischen Vorstellung irdischer Hingabe, Liebe und Verschmelzung.

Nur sehr wenige Seelen schaffen es, als Paar der Süße der Vereinigung und Verschmelzung zu widerstehen. Engelseelen geht es da nicht anders als anderen Seelen im menschlichen Körper. Es ist eben allzu menschlich, sich nach dem perfekten Partner zu sehnen, mit dem man auf allen Ebenen Verschmelzung praktizieren kann und darüber hinaus alles andere vergisst oder auf den zweiten Platz stellt. Das ist auch der Grund, warum Engelseelen nur bedingt in sich die Sehnsucht nach dem Dualseelenpartner verspüren. Sie wissen intuitiv, dass da mehr ist, was ihr Leben bestimmt, und es sehr viel Bewusstheit erfordert, sich nicht in den Wonnen der irdischen Einheit zu verlieren, sondern konsequent den persönlichen Seelenauftrag zu erfüllen.

Dennoch ist es möglich, dass ein Paar auf einer hohen Ebene der Erkenntnis und Bewusstheit zueinander findet und dann gemeinsam zum Wohl aller wirksam wird, allerdings jeweils im Bereich des persönlichen Aufgabenfelds. Dieses Aufgabenfeld ist immer individuell und an die jeweilige Inkarnation geknüpft. Dazwischen finden sie sich, um ihre Liebe zu zelebrieren, wenden sich dann aber wieder den Lebensaufgaben zu, die an erster Stelle stehen. Ihnen ist bewusst, dass sie vielleicht als Mensch nicht immer miteinander wirken können – räumlich und zeitlich zugleich –, aber immer im Geist vereint sind, um zum Wohl aller in die Welt hinauszustrahlen.

Engelseelen praktizieren am ehesten die geistig-seelische Verschmelzung mit der Dualseele oder den Dualseelenteilen, warten oder hoffen aber nicht darauf, der Dualseele als Mensch oder den Dualseelenteilen als Menschen zu begegnen, um eine menschliche Beziehung zu führen.

Sie sind absolut erfüllt davon zu wissen, dass es irgendwo innerhalb der Schöpfung ihre Dualseele oder die Dualseelenanteile gibt. Dann verbinden sie sich zum Wohl aller mit der Dualseele oder den Dualseelenteilen auf der geistig-seelischen Ebene und lassen heilsame Energien in die gesamte Schöpfung fließen.

Sollte ihnen ihre Dualseele dennoch als Mensch begegnen, sind sie einfach nur dankbar für dieses großartige göttliche Geschenk der Gnade, ohne zu erwarten oder zu verlangen, dass sich daraus eine erfüllende Beziehung ergibt. Diesbezüglich können Engelseelen im menschlichen Körper sehr gut über sich hinauswachsen, der menschlichen Sehnsucht nach einer liebevollen Partnerschaft widerstehen und glücklich sein, sich dem Willen Gottes ganz und gar hinzugeben. Denn wenn es sein soll, dass eine Partnerschaft vorgesehen ist, dann wird es so sein. Dann wird Gott es für sein Geschöpf erträumen. Ansonsten ist es völlig in Ordnung, der Dualseele begegnet zu sein, ohne dass sich daraus eine dauerhafte Liebesbeziehung entwickelt.

Engelseelen werden ihre Erfüllung und den Sinn ihres Daseins sowieso nie innerhalb einer Partnerschaft finden, es sei denn, der Partner ist Teil ihres engelgleichen Auftrags und wurde deswegen von Gott für sie in die Partnerschaftskonstellation erträumt. Für Engelseelen steht immer der Schöpfungsauftrag ihres Daseins im Vordergrund jeglichen Denkens, Tuns und Fühlens. Erst dann fühlen sich Engelseelen so erfüllt, dass ihr Leben Sinn macht und höchste Glückseligkeit beschert.

Aus diesem Grund können Engelseelen dennoch gute und stabile Partnerschaften führen. Ist die Partnerschaftskonstellation Teil des engelgleichen Lebensauftrags, wird die Engelseele alles dafür tun, dass sich der Sinn der Partnerschaft erfüllt. Sie wird ein liebevoller, ausdauernder, engagierter Partner sein, der mit ganzem Herzblut für den Mann oder die Frau an seiner Seite da ist, und zwar auf allen Ebenen. Sie wird sich hingeben, sich einbringen und ihr Leben voll und ganz auf die Beziehung richten, in dem guten Gefühl, dort den Sinn ihres Daseins im Bereich ihrer engelgleichen Schwingungsenergie zu erfüllen.

Sie wird nur dann unzufrieden werden, erlahmen und gelangweilt sein, wenn sie merkt, dass sie ihren Auftrag innerhalb dieser Partnerschaft nicht oder nicht mehr erfüllen kann. Sei es, dass der freie Wille des Partners den Einsatz vereitelt, oder dass sich der im feinstofflichen Bereich festgelegte Seelenvertrag zwischen der Engelseele und der anderen Seele erfüllt hat – die Engelseele wird spüren, dass diese Partnerschaft dem Ende zugeht. Es wird dann in Frieden zur Auflösung der Partnerschaft kommen, wenn sich die Engelseele dieser Tatsache bewusst ist. Verbleibt sie aber beim Partner, weil irdische Ängste sie plagen, stagniert ihr Leben komplett.

Das zu erkennen ist die große Herausforderung einer jeden Seele. Engelseelen aber spüren immer, wenn sie die Spur ihrer Seele verloren haben. Sie wissen es. Dann fühlen sie sich unwohl in der verbleibenden Partnerschaft, werden eventuell krank und fühlen sich ausgelaugt.

Manchmal kann es auch sein, dass sich erst innerhalb einer Trennung die eigentliche Aufgabe der Engelseele zeigt, nämlich dann die Tür für den Partner zu öffnen und in Frieden Abschied nehmen zu können. Die Großzügigkeit und Großherzigkeit der Engelseele wird dann den Bereich spiegeln, in dem die andere Seele wachsen kann. Dann erfüllt sich der Sinn des Lebens für die Engelseele im Abschied vom Partner, also den Partner durch diesen Abschiedsprozess liebevoll zu begleiten, während sich der Sinn des Lebens für die andere Seele darin findet, einen friedlichen Weg in der Trennung zu finden und die Situation in Liebe anzunehmen.

Irdisches Karma erlösen

Keinem Menschen – zu welcher Seele er auch immer gehört – bleibt es erspart, irdisches Karma anzusammeln. Das gehört mit zur Erfahrung auf dem Planeten Erde.

Doch der göttliche Traum der Schöpfung ist variabel und veränderbar. Irdisches Karma ist deshalb kein Dogma. Es kann erlöst werden, und zwar von allen Seelen, die auf der Erde inkarnieren.

Engelseelen inkarnieren nicht immer einzig und allein auf der Erde. Innerhalb anderer Daseinsformen gelten andere Gesetzmäßigkeiten. Doch die Engelseele wird irgendwann wieder auf der Erde stationiert sein und dann an das irdische Karma ihrer letzten Inkarnation anknüpfen können.

Das gilt vor allem dann, wenn sie öfter mal in die Rolle des Arschloch-Engels schlüpfen musste oder selbst immer wieder Kränkungen erfahren hat. Alle Beteiligten erhalten die Chance, das energetische Ungleichgewicht zu erlösen. Für die beteiligten Erdenseelen ist das essentiell, denn sie lernen dadurch, den Lebensauftrag der Liebe klar und rein zu entfalten. Engelseelen erhalten die Möglichkeit, durch die karmische Erlösung ihren Lebensauftrag so zu erfüllen, dass es zu keinem Stillstand kommt, der durch die karmische Verstrickung zustandegekommen ist.

Für alle Seelen gilt es, einst ins Herz Gottes zurückzukehren. Dann ist der göttliche Traum für sie beendet. Sie sind wieder ganz eins und integriert im göttlichen Bewusstsein des reinen Geistes und reinen Seins. Für alle Seelentypen gelten aber andere geträumte Wege zurück ins Bewusstsein Gottes.

So erzeugt das irdische Karma für Erdenseelen erst die geeigneten Wege, um Liebe zu lernen, in sich selbst zu entdecken und sie in die Welt fließen zu lassen, um ins göttliche Bewusstsein zurückzukehren.

Ist eine karmische Verstrickung zwischen einer Engelseele und einer Erdenseele entstanden, kann die Engelseele unter Umständen ihren Lebensauftrag nicht erfüllen. Eventuell lernt die Erdenseele durch die karmische Verstrickung nicht zu lieben, sondern verfällt immer wieder in ihre typischen Muster. Die Engelseele kann dann zum Beispiel für die Erdenseele nicht die Türen öffnen. Ihr Auftrag bleibt diesbezüglich unerfüllt. Es herrscht Stillstand. Beide Seelen profitieren dann von der karmischen Erlösung. Im Wiedersehen auf der Erde wird eine ähnliche Konstellation erschaffen, um endlich befreit zu werden.

Im Grunde ist die Erlösung ganz einfach. Sie erfolgt im Bewusstsein des göttlichen Geistes. Gott wird also um Erlösung gebeten. Das heißt, der Schöpfer schenkt den Geschöpfen das Bewusstsein, dass sie Träumende eines Träumenden sind. Sie werden sich bewusst, dass sie Teil der göttlichen Schöpfung sind, die erträumt ist, um sich selbst zu erfahren. In der Hingabe an Gott und seinen göttlichen Traum erfolgt die Erlösung. Dann ist der göttliche Wille eins mit dem Willen der geträumten Geschöpfe, und die Erkenntnis des „Ich-Bin" vereint sich mit dem „Wir-Sind" und dem Bewusstsein, dass es nichts gibt außer göttliches Bewusstsein. So kann Gott den Traum verändern und das Karma erlösen. Eine neue Wendung im Traum kann beginnen, die Bewusstsein mit sich bringt.

Erkenne, wer du bist, und du bist erlöst!

Wer sich also als Seele sowie als Mensch als göttliches Bewusstsein definiert, weiß, dass er stets angeschlossen ist an diese Göttlichkeit. Alles kann als göttliches Bewusstsein erlebt werden. Das göttliche Bewusstsein ist allmächtig und verändert den göttlichen Traum der Schöpfung dahingehend, dass Frieden und Harmonie einkehren können.

Bitte um Erlösung und nimm die Gewissheit wahr, dass Erlösung geschieht.

Erlösung ist ein Akt göttlicher Gnade, den du dir selbst gewährst und erlaubst, indem du erkennst, dass es nichts gibt außer der allumfassenden Göttlichkeit auf allen Ebenen.

Alles – auch du – ist göttliches Bewusstsein!

Indem du dich als Mensch diesem göttlichen Bewusstsein hingibst, es anerkennst und dich als Teil davon empfindest, kann Erlösung geschehen für alles, was den göttlichen Traum für dich betrifft.

Sprich dazu laut:

„Ich erkenne an, dass ich göttliches Bewusstsein bin, dem ich mich jetzt hingebe und mir erlaube, mich selbst zu erlösen, wie mich Gott erlöst, denn Gott und ich sind eins. Ich bitte um Erlösung aller karmischen Verstrickungen und Faktoren. Ich bitte darum, den göttlichen Traum der Schöpfung so zu variieren, dass Erlösung jetzt eintritt. Mein Wille entspricht dem Willen Gottes. Ich bin befreit und erlöst. Das weiß ich mit Gewissheit aus tiefster Seele, aus dem tiefsten Bewusstsein des Vertrauens heraus. Ich empfange die Erlösung und weiß, dass ich göttliches Bewusstsein bin, das sich als Seele in einem menschlichen Körper erfährt. Ich danke für diese Erfahrung. Meine Lebensbestimmung erfüllt sich jetzt zum Wohl der gesamten Schöpfung. Amen."

Engelseelen und ihre Krankheiten

Es gibt immer wieder robuste Engelseelen, die stark und geerdet ihren Lebensauftrag in Angriff nehmen können. Doch viele Engelseelen leiden immer wieder – mehr oder weniger – unter verschiedenen Krankheiten. Dazu gehören vor allem Erkrankungen des Nervensystems, Schlaflosigkeit, Migräne, Allergien, Hauterkrankungen und unerklärliche Symptome, die oft niemand diagnostizieren kann. Herkömmliche Medizin hilft nur unzulänglich. Das trifft allerdings auch für alternative Medizin und Naturheilkunde zu. Nahrungsergänzungsmittel, gesunde Ernährung, Klärung des Schlafplatzes, körperliche Therapien und andere Maßnahmen helfen ebenfalls nur bedingt.

Heilung und Gesundheit stellen sich erst dann ein, wenn die Engelseele ihrem Seelenauftrag voll und ganz folgen kann und in ihrem Tun und Wirken Erfüllung findet. Dann folgt sie ihrer Seelenspur, Glückshormone werden bereitgestellt, und das Immunsystem arbeitet wieder optimal, die Selbstheilungskräfte können wirken.

Äußerliche Maßnahmen wirken dabei unterstützend, doch die eigentliche Heilung findet erst dann statt, wenn es der Engelseele gelingt, sich dem irdischen Dasein und dem Spannungsfeld ihrer eigenen Wahrnehmungen voll und ganz hinzugeben.

Das Loslassen von jeglichem Tun, Versuchen und Probieren und die völlige Hingabe an den göttlichen Willen, den die Engelseele sowieso tief in sich trägt, führen dann zur Wende im Prozess der Krankheit, und Heilung kann geschehen.

Folgendes Gebet hilft, sich den irdischen Prozessen absolut hinzugeben:

„Göttliche Schöpferkraft, dein Wille geschehe. Ich gebe mich allen Lebenserfahrungen hin, die mich in diesem Leben erwarten. Wenn es mein Lebensplan erfordert, nehme ich die Erfahrung dieser Krankheit hin und öffne mich der Erlösung, Transformation und Heilung. Ich begreife diese Erfahrung als Ausdruck der Liebe, um mich zu klären und zu lehren und das irdische Leben in seiner gesamten Bandbreite anzunehmen. Ich nehme alles an, auch mich selbst, im Zustand der Krankheit, der Gesundheit und der Heilung. Göttliche Schöpferkraft, dein Wille geschehe. Nun bitte ich mit ganzem Herzen und aus der Tiefe meiner Seele um Heilung, um meinem Seelenauftrag kraftvoll folgen zu können. Dankbar nehme ich Erlösung und Heilung an. Amen."

Für Engelseelen macht es zudem Sinn, den Kräften der Natur zu vertrauen. Naturbelassene Ernährung, ein achtsamer Umgang mit den Bedürfnissen des Körpers, Entspannung und Stressabbau sowie regelmäßiges Meditieren, Beten und mit der Ebene der feinstofflichen Engel in Kontakt treten helfen, wieder mit Leib und Seele gesund zu werden.

Des Weiteren kann es sinnvoll sein, einen spirituellen Therapeuten aufzusuchen, der mit Hilfe des Familienstellens die Ahnenreihe des irdisch-biologischen Daseins klärt und wieder ins Gleichgewicht bringt. Engelseelen können nämlich nicht nur im direkten Alltag ihrem engelgleichen Auftrag folgen, sondern durch ihre besonderen Fähigkeiten auch in der aktuellen biologischen Ahnenreihe Unstimmigkeiten und Hindernisse erlösen, transformieren und heilen. Dieser Akt der Liebe wird nicht nur die betroffenen Seelen erlösen, sondern ihnen selbst körperlich zugutekommen und Gesundheit und Wohlbefinden stärken.

Es wäre wünschenswert, wenn es bald Therapeuten gäbe, die sich mit den Besonderheiten der Engelseelen und ihren unterschiedlichen Inkarnationsmöglichkeiten und Einsatzbereichen in anderen Daseinsebenen auskennen und auf diese Besonderheiten eingehen können.

Doch auch ohne professionelle Hilfe können Engelseelen im Gebet einiges für ihre biologische Ahnenreihe tun:

Nimm dir Zeit und ziehe dich an deinen Lieblingsplatz zu Hause oder in der Natur zurück. Denke an deinen Vater und deine Mutter, an deine gesamte biologische Familie, deine biologischen Ahnen. Denke in Liebe und Wohlwollen an sie. Sprich dann leise oder laut:

„Alle meine biologischen Ahnen, ich ehre und achte euch. Ihr seid in meinem Herzen und meiner Seele präsent. Ich denke an euch und danke euch für mein Dasein, denn ohne euch wäre ich jetzt nicht hier im Leben. All eure Kümmernisse, Sorgen und Traumen sollen nun erlöst sein. Mit göttlicher Hilfe erfahrt ihr Heilung auf allen Ebenen. Seid befreit und erlöst, fühlt euch geliebt, geachtet, gewürdigt und verehrt. Alle meine Ahnen, ich liebe euch und bin dankbar, ein Teil von euch zu sein. Wir alle sind nun befreit von allen Beeinträchtigungen, Hindernissen, Krankheiten sowie von allem Unglück und Ungleichgewicht. Wir tauchen ein in Frieden, Harmonie, Heilkraft und göttliche Liebe. Gott erlöst uns alle. Jetzt. In Liebe. Danke. Amen."

Sprich dieses Gebet immer wieder einmal. Nimm dir Zeit und denke in Liebe an deine Ahnen. Lege ihnen ein kleines Geschenk auf deinen Altar. Verschenke dein Herz an sie, denn sie sorgen dafür, dass du dich auf der Erde heimisch fühlen kannst.

Vernetzung und Einheit im geträumten, göttlichen Bewusstsein

Gottes Traum ermöglicht es allen von ihm erschaffenen Seelen, auf allen Ebenen der Schöpfung und Daseinsformen Vernetzung zu praktizieren.

Für das menschliche Gehirn bedeutet das, sich stets bewusst zu machen, dass alles mit allem innerhalb des göttlichen Traums vernetzt, also verbunden und verflochten ist. Mehr noch: Es ist stets eins, und zwar deshalb, weil alles dem göttlichen Bewusstsein entspringt. Jedes Traumgeschehen ist Bestandteil des göttlichen Bewusstseins. Aber es drückt sich in individuellen Aktionsgeflechten aus, also individuell. Alle diese Handlungsstränge hängen wie zusammenhanglos innerhalb von Raum und Zeit. Sie sind für das menschliche Gehirn nur auf diese Weise erfahrbar, gelebt von jeder Seele im menschlichen Körper mit einzigartiger Lebensbestimmung, vernetzt mit anderen Seelen und verbunden durch die bestehenden Seelenverträge untereinander und die jeweiligen Aufgabenbereiche der Schöpfungsschwingung.

Das bedeutet, dass jede Seele ihr einzigartiges Dasein innerhalb einer grobstofflichen oder feinstofflichen Daseinsform lebt, eingebunden in den Sinn des Lebens, den Aufgabenbereich der Schöpfungsintention und die Verknüpfungen mit anderen Seelen. Und jeder Traum Gottes ist wie ein neues Spiel.

Im menschlichen Körper fehlt es allerdings oft an Bewusstheit, sich aller Verknüpfungen gewahr zu werden. Der Einzelne sieht meistens nur seinen eigenen Handlungsstrang, sein individuelles Dasein. Damit ist er ausgelastet, denn es gilt, das irdische Leben zu meistern. Und das ist bekanntlich nicht einfach.

Engelseelen geht es genauso, wenn sie sich dem göttlichen Bewusstsein als Quelle des Seins nicht stets bewusst sind. Sobald Engelseelen aber die Weisheit zuteilwird, den göttlichen Schöpfertraum zu begreifen, öffnet sich komplett das Feld, die Einheit der Schöpfung zu erkennen.

Das ist die wahre Erleuchtung: zu wissen, dass alles göttlich ist und der göttliche Traum jetzt auf allen Ebenen der Schöpfung stattfindet. Gott träumt in dir, dass du denkst und über Gott nachdenkst. Gott projiziert in dir die Erkenntnis, dass Er Du ist und zugleich Wir. Und das alles gleichzeitig.

Spüre in diese Weisheit hinein. Als Engelseele wirst du die Botschaft, die darin verborgen liegt, sofort erfassen.

Du wirst erkennen, wie wichtig es ist, den göttlichen Traum auf alle Ebenen des Bewusstseins zu bringen – in alle göttlich erschaffenen Strukturen, hin zu allen Seelen und Menschen.

Gott möchte in dir erkennen, dass du ihn erkennst und dir des Traums der gesamten Schöpfung bewusst bist. Und nun veränderst du den Traum, weil du göttliches Bewusstsein bist, das in dir träumt. Du veränderst den Traum hin zum „Wir-Bewusstsein".

Als Engelseele bist du prädestiniert, den Impuls dafür zu geben, indem du das „Wir-Sind" praktizierst und dich mit allem vernetzt und verbunden fühlst. Das bedeutet, über dein menschliches Gehirn hinauszugehen, alle Urteile über dich selbst, deine Mitmenschen, das Leben und die Schöpfung hinter dir zu lassen und dich mit allem eins zu fühlen.

Im menschlichen Körper gelingt das nur partiell und von Zeit zu Zeit. Es ist im göttlichen Traum nicht vorgesehen, dass sich dieses gefühlte Bewusstsein dauerhaft in dir verankert. Das ist auf der grobstofflichen Ebene des irdischen Daseins nicht möglich. Sehr wohl möglich ist aber die überwiegende Erkenntnis, dass alles eins ist und es deshalb nichts gibt, was einen Menschen wahrhaftig von allem anderen trennt.

Die wahre Einheit findet aber stets in dir statt! Nirgends sonst!

Du bist das „Wir-Sind"!

Deshalb lade zur Übung die ganze Welt und die gesamte Schöpfung, inklusive aller dir wahrnehmbaren und vorstellbaren Daseinsebenen, zu dir ein. Lade sie ein, in dir zu sein.

Die folgende Meditation hilft dir, dich der göttlichen Schöpfung ganz und gar hinzugeben und sie in dir zu finden:

Mache es dir bequem, schließe die Augen und atme einige Male tief ein und aus. Entspanne dich und beobachte, wie du bei jedem Atemzug noch tiefer entspannt bist.

Nun wird es Zeit, dich dem göttlichen „Wir-Sind" zu öffnen. Alles Göttliche soll zu dir kommen, um von dir erfahren zu werden und zu wissen, dass alles eins ist und es nichts als göttliches Bewusstsein gibt, die Fülle der Verbundenheit auf allen Ebenen.

Stell dir vor, dein Herz ist eine wunderschöne Blüte, die sich nun langsam öffnet. Allmählich öffnet sich dein Herz, wird weiter und weiter und zu einem Tor zur Ewigkeit. Dein Herz ist weit und offen, um die Schöpfung in dir willkommen zu heißen. In dir ist Platz für die gesamte Schöpfung.

Auf einem goldenen Strahl rutschen nun all die Menschen in dein Herz, die dir etwas bedeuten. Du siehst ihnen zu, wie sie von der Blüte deines Herzens aufgenommen werden. Danach stellst du dir vor, wie ganze Landschaften in dich hineingleiten. Dann folgen fremde Menschen, Tiere, Pflanzen, Steine, Häuser, Städte, Strände, Wälder, Gärten usw.

Alles hat Platz in dir. Du bist alles. Und alles ist du!

Nun lass bewusst Menschen in dein Herz kommen, mit denen du bisher Schwierigkeiten hattest. Das Gefühl des Urteils, der Ablehnung und der Trennung sind überwunden. Alles und jeder ist in dir willkommen. Es gibt nichts zu urteilen, nichts zu vergleichen, nichts abzulehnen.

Heiße anschließend Planeten und Sterne in dir willkommen und dehne dein Bewusstsein auf Daseinsformen aus, die sich deiner Vorstellungskraft entziehen. Du bist die ganze Schöpfung. Du bist göttliches Bewusstsein. Alles ist du. Und du bist alles.

Spüre, wie du dich erfüllt fühlst, weil alles in dir ist.

Lass dir Zeit, dieses Gefühl auszukosten und zu erleben.

Nun stell dir vor, wie sich der goldene Strahl umkehrt und alles und jeder wieder aus dir herausfließt. Du selbst fließt heraus mit dem goldenen Strahl und verströmst dich innerhalb der gesamten Schöpfung. Du trittst ein in geöffnete Herzen und spürst die Verbundenheit, die dich dort erwartet. Immer wieder fließt dein Sein in geöffnete Herzen von Menschen, Tieren, Pflanzen, Landschaften, Steinen, Planeten und interessanten Daseinsformen der Schöpfung. Nun bist du in allem.

Der goldene Strahl bringt dich wieder zurück zu dir selbst. Hier bist du als Mensch einzigartig und im irdischen „Ich-Bin" zu Hause. Jederzeit aber gelingt es dir, das „Ich-Bin" mit dem „Wir-Sind" zu vereinen.

Atme noch einmal tief ein und aus, bevor du dich rekelst und streckst und langsam wieder in dein menschliches Alltagsbewusstsein zurückkehrst.

Die Rückkehr ins Herz Gottes

Die absolute Rückkehr ins Herz Gottes ist nach wie vor ein Geheimnis für die Menschheit. Jedes Geschöpf und jede Seele kehrt eines Tages zurück in die komplette Einheit des göttlichen Bewusstseins. Dann benötigt es keine Inkarnationen, keine Seelenfunken, keinen göttlichen Traum mehr, damit sich Gott selbst erfährt, und auch sonst nichts mehr.

Die Liebe kehrt zurück ins pure Sein, in die reine Energie der Liebesintention, die sich im Traum selbst erlebt hat.

Der Mensch erfährt den Gedanken an die Rückkehr ins Herz Gottes an die Parameter von Raum und Zeit gebunden. Es ist nicht anders vorstellbar, als davon auszugehen, dass es einen zeitlichen Zusammenhang gibt für den Traum Gottes.

Der spirituelle Mensch geht davon aus, dass ausreichend Inkarnationen erlebt und Daseinsbereiche im Grobstofflichen wie im Feinstofflichen erfahren werden müssen, damit der Sinn des Daseins Erfüllung findet und schließlich ins pure traumlose, göttliche Sein zurückkehrt.

Und doch scheint es begreifbar zu sein, dass es möglich ist, bereits im Herzen Gottes zu sein. Nämlich dann, wenn man davon ausgeht, dass Raum und Zeit keine Parameter für göttliches Bewusstsein sind.

Dann nämlich findet alles gleichzeitig statt: Der göttliche Traum findet statt, während es das traumlose göttliche Sein gibt, in dem bereits komplette Vollkommenheit vorhanden ist.

Es gibt den göttlichen Traum der Schöpfung – und es gibt ihn auch nicht!

Sich das vorzustellen ist schier unmöglich, aber es ist eine interessante Option. Wir sind alles und nichts zugleich. Die göttliche Schöpfung ist existent und nicht existent zugleich. Es ist alles sinnerfüllt und sinnlos zugleich. Es gibt Sein und Nicht-Sein.

Wir sind bereits im Herzen Gottes und dennoch innerhalb des göttlichen Traums aktiv als Ausdruck göttlicher Liebe, die sich selbst erfüllen und erfahren will. Es gibt nur Gott, unvorstellbar und für den Menschen nicht erklärbar. Und der Sinn der Schöpfung erfüllt sich darin zu wissen, dass es einen Sinn gibt. Mehr braucht es nicht. Die Einheit im Herzen Gottes ist immer und ewig in aller Unendlichkeit.

Wir sind bereits im Herzen Gottes!

Als Engelseele wirst du ahnen, dass diese Wahrheit göttlich ist. Du wirst immer wieder Kraft daraus schöpfen und wissen, dass du dem nicht begreifbaren Sinn deines Lebens dennoch Sinn verleihen kannst, indem du weißt, dass es einen göttlichen Sinn hinter allem gibt. Und dass du eigentlich schon dort bist, wo du hingehörst, ganz gleich, was der Traum Gottes für dich erträumt. Du bist im Herzen Gottes wie alle Seelen und alles Geschaffene und Erträumte. Gott träumt in dir, dass du es weißt. Es darf in dein Bewusstsein rücken und dir das Paradoxe dieses Traums vor Augen führen.

Es gibt immer alles gleichzeitig. Es gibt ein Jetzt. Sonst nichts. Und es gibt einen zeitlichen Ablauf im Traum, eine Handlung innerhalb Zeit und Raum. Sonst nichts. Beides ist gleichzeitig. Und du bist gleichzeitig alles!

Spüre in diese Worte hinein und beginne dann jeden Tag aufs Neue, dich, dein Leben, deine Aufgaben und dein Dasein zu lieben. Es gibt nichts als die Liebe im Herzen Gottes. Du bist ein Ausdruck davon. Also beginne zu lieben. Jeden Tag aufs Neue innerhalb dieser Inkarnation und von Inkarnation zu Inkarnation.

Liebesheilung für Engelseelen und andere Seelen auf Erden

Es gibt nur eine Art der Heilung für Engelseelen – und auch für alle anderen Seelen, die alles andere in sich vereint. Das ist die Liebe. Für jeden Menschen ist der Akt der Liebe ein täglicher Schöpfungsakt. Liebe geschieht nicht einfach innerhalb irdischer Parameter. Sie muss stets aufs Neue manifestiert und gelebt werden. Es mag viele Techniken und Wege geben, damit sich die Liebe heilsam erfüllt, aber es ist immer die Liebesenergie, die heilt.

Das gilt für alle Krisen, Herausforderungen und Erkrankungen im menschlichen Leben. Es gilt aber auch für Beziehungen, beim Fühlen, Denken und Handeln sowie für alles Menschliche und für das Bewusstsein dessen.

Die große Frage ist natürlich stets:

Wie geht das mit dem Lieben?

Der einfachste Weg ist der Weg des Segnens. Du segnest bewusst alle Situationen deines Lebens, alle deine Mitmenschen, deine gesamte Umgebung, alle deine Herausforderungen, Krisen und Krankheiten.

Vielleicht fragst du dich, wie du eine Krise oder Krankheit segnen sollst. Ist das nicht destruktiv? Ganz und gar nicht, wenn du beginnst, die Er-Lösung innerhalb dieser Krise beziehungsweise Krankheit zu segnen.

Sprich täglich (laut) Segensgebete. Zum Beispiel:

- Ich segne die Heilung und Erlösung, die ich durch diese Krankheit erfahre.
- Ich segne mein tägliches Leben.
- Ich segne das Licht, das mir durch diese Krise wieder bewusst geworden ist.
- Ich segne meinen Partner, dass er mich durchs Leben begleitet und ich ihn.
- Ich segne diese Mahlzeit, die das irdische Dasein mir schenkt.
- Ich segne diese Begegnung, die mir wie ein Spiegel meine eigenen Schwächen zeigt.

Zum Schluss segne dich selbst für dein Dasein:

- Ich segne mich und bin mir bewusst, dass ich ein Ausdruck göttlicher Liebe bin. Gott segnet mich und mein Leben.

Eine weitere Möglichkeit ist es, bewusst liebende Heilstrahlen zu versenden. Dabei wird der Fokus auf einen imaginären Herzensstrahl gelenkt, der aus dem Herzen herausströmt. Dieser Strahl kann zum Beispiel farbig sein, in Gedanken gut riechen, glitzern, wohlig warm sein oder sich weich und gemütlich anfühlen. Deiner Vorstellungskraft sind keine Grenzen gesetzt.

Sieh nun in deiner Vorstellung, wie aus deinem Herzen dieser Heilstrahl austritt und alles und jeden wunderbar sachte berührt. Es ist der liebende Strahl deines Herzens, der nun alles in Liebe verwandelt und transformiert.

Hülle auch dich in den liebenden Strahl der Heilung. Bitte hierbei die Engel zu Hilfe, die den göttlichen Heilstrahl der Liebe auf dich richten und dir Erlösung gewähren. Aus dem göttlichen

Bewusstsein fließt nun Liebe zu dir, um dich zu heilen, wenn du dich krank fühlst oder in einer Krise steckst.

Eine weitere Möglichkeit, zu lieben, ist das Gebet:

Gott, dein Wille geschehe!

Damit gibst du dich voll und ganz der göttlichen Bestimmung und dem göttlichen Traum für dich hin. Du nimmst die Situation an, die sich dir gerade präsentiert, bleibst innerlich ruhig und im Vertrauen, dass alles so geschieht, wie es soll, und erlaubst dir, alle inneren Widerstände und Kämpfe loszulassen. In der Hingabe an das göttliche Bewusstsein erlöst du dich von allem Druck und Stress. Du entspannst dich und kannst deinem Gefühl, ein liebendes Wesen zu sein, wieder folgen. Du fängst an, dein Leben und das irdische Dasein zu lieben und zu genießen. Du badest dich in dem Bewusstsein, dass es nichts gibt außer dieser allumfassenden göttlichen, schöpferischen Liebe. Aus dieser Liebe ist alles gemacht. Auch du. Also trägst du diese Liebe auch in dir. Beginne sie im Gefühl der Hingabe an den göttlichen Sinn des göttlichen Traums wieder zu spüren. Sie darf in dir wachsen. Lass dir Zeit damit, aber sei dir bewusst, dass es nichts gibt außer dieser Liebe in allen möglichen Formen und Ausdrucksmöglichkeiten.

Es ist stets der Geist, der heilt und liebt!

Engelseelen ist das bewusst, aber sie bleiben dennoch nicht von Krankheiten und Krisen verschont. Der menschliche Körper ist so beschaffen, dass die „unperfekte" Göttlichkeit hier ihren Ausdruck findet. Und jede Seele kommt immer wieder im menschlichen Körper an den Punkt, an dem sie nicht wahrnehmen kann, dass in ihr alle Göttlichkeit ist. Wird der Körper von Schmerzen geplagt oder befindet man sich in einer schmerzlichen und ausweglosen Situation, macht es Sinn, den paradoxen Weg der „getrennten Einheit" zu praktizieren.

Dann braucht sie Gott als liebendes Gegenüber. In der Vorstellung, dass Gott außerhalb und gleichzeitig innerhalb von uns ist, liegt der Weg der Heilung. Das stellt dann die „getrennte Einheit" dar. Dann kann man Gott als den von einem getrennt existierenden Erlöser und Heiler um Erlösung und Heilung bitten und gleichzeitig wissen, dass Heilung und Erlösung in der eigenen Göttlichkeit geschehen kann. Der Gott – von außen – wird gebeten, das göttliche Innere zu heilen. Das ist kein wirkliches Paradox, sondern eine Form der Realität, die hilfreich ist während Krisen und Krankheiten.

Bitte Gott um Erlösung, wenn du von Schmerzen geplagt wirst oder nicht mehr weiter weißt. Bitte darum, dass Gott seinen Traumpfad für dich verändert, wenn du es selbst nicht vermagst.

Gib dich ganz und gar der Vorstellung hin, dass Gott dir hilft. Gott verändert seinen Traum für dich. Wenn du so schwach oder krank bist, dass du es nicht mehr selbst tun kannst, dann tut es Gott für dich. Fühle dich befreit. Du weißt, dass Gott sich um dich kümmert.

Dann wird in dir wieder Kraft frei, deine Liebe in die Situation fließen zu lassen. Du kannst ganz und gar in die Rolle eines Liebenden/einer Liebenden schlüpfen und es auch sein.

Liebe es, auf dieser Welt zu sein!
Liebe es, göttliches Bewusstsein zu sein!
Liebe es, deinen Auftrag hier zu erfüllen!
Liebe es, dein Leben zu genießen!
Liebe es, dich zu entspannen!
Liebe es, dich gesund und heil zu fühlen!
Liebe es, dich auf allen Ebenen wohl und geborgen zu fühlen!
Liebe es, ein Liebender/eine Liebende zu sein!

Seelenbotschaften der Liebe

Die folgenden Liebesbotschaften sind Segenswünsche der Liebe, die in dir den Impuls der Heilung und des Verstehens bewegen sollen. Lass dich berühren von den Botschaften, Übungen und Gebeten.

Da alle Engelseelen beseelt sind von Musik und Klängen, haben alle Übungen mit Tönen, Lauten und Klängen zu tun, die dir Heilimpulse senden, deinen Körper klären und für Harmonie von Leib und Seele sorgen. Sie sind einfach auszuführen und sollen dich durch dein Leben begleiten.

Genieße es, dir selbst gutzutun und dadurch eine Brücke zu schlagen zwischen dem „Ich-Bin" und dem „Wir-Sind". Denn du bist einzigartig und trägst alles in dir, was du für das Mensch-Sein brauchst.

1. Botschaft: Deine Gefühle gehören dir

Was du fühlst, gehört dir.

Du erschaffst es aus den Situationen heraus, die dir begegnen.

Du erschaffst es, weil die Situation voller Freude ist.

Du erschaffst es aber auch, weil eine andere Situation voller Trauer ist.

Es ist normal, dass etwas in dir zum Klingen kommt, das sich für dich gut, neutral oder weniger gut anfühlt.

Schau auf das Wunder deines Menschseins und dass du fähig bist, Gefühle zu erschaffen, weil du in Resonanz gehst mit einer Situation.

Sei im Bewusstsein, dass du die Wahl hast, was du erschaffen willst.

Die Botschaft lautet:
Deine Emotionen gehören dir!
Übernimm die volle Verantwortung für das, was du empfindest, und segne es.
Es gehört zu dir und ist ganz normal.
Kämpfe nicht dagegen, denn das wäre sinnlos.
Nimm das Gefühl an als dein Geschöpf und Geschenk des menschlichen Daseins und verwandle es so, dass du dich wieder wohlfühlst.
Du bist fähig, Gefühle zu erzeugen und zu verwandeln.
Es liegt in deiner Macht.
Erinnere dich, dass Gefühle Energie sind, wie alles andere auch.
Du kannst nun diese Energie verwandeln.
Wann immer du willst.

Liebes-Übung

Du verwandelst unangenehme Gefühle in einen geatmeten Ton. Setze dich aufrecht hin und lass beim Ausatmen einen Summton erklingen. Zunächst das „A", den Herzenston, der deinen Brustkorb öffnet und schmerzhafte Gefühle, die sich dort aufhalten, langsam auflöst. Herzschmerzen werden gelindert, ein „verschlossenes" Herz kann sich wieder vertrauensvoll dem Leben öffnen. Dann summe das „E", es befreit den Hals- und Schulterbereich. Alles, was dir auf den Schultern lastet, kannst du nun verwandeln. Das „I" klärt deinen Kopf, bindet dich wieder an die göttliche Kraft in dir an, weil es bis zum Scheitel hochschwingt. Das „O" räumt im Bauchraum auf, wenn schmerzhafte Gefühle regelrecht Bauchschmerzen verursachen. Das „U" schließlich befreit den Beckenbereich und strahlt mit seiner Energie bis zu den Füßen hinunter, sodass du fähig bist, deine Erstarrung zu lösen und bereit bist für den nächsten Schritt. Wiederhole die Übung, bis du in der Lage bist, mit deinen Gefühlen umzugehen.

Segensgebet für deine Gefühle

Der göttliche Segen wirkt in mir und in all meinen menschlichen Gefühlen,
so segne auch ich meine eigenen Gefühle.
Die Schwingung der Liebe fließt in mich hinein und verwandelt alles Dunkle in lichtvolle Strahlkraft.
Jedes Gefühl hat eine wichtige Botschaft für mich, die ich ehre und anerkenne.
Jedes Gefühl möchte frei sein und fließen können.
Es liegt an mir, das Gefühl zu verwandeln, bis nichts als reine Liebe in mir ist.
Ich liebe es, ein Mensch zu sein, mit allen Gefühlen.
Ich liebe es, den göttlichen Segen zu empfangen und mich selbst zu lieben und zu segnen.
Ich bin dankbar für all die Gaben, die mir geschenkt wurden und es mir ermöglichen, mein menschliches Potenzial zu entfalten.
Der göttliche Segen wirkt in mir und in all meinen menschlichen Gefühlen.

2. Botschaft:
Erinnere dich an alle Wunder in deinem Leben

Welches sind deine gefühlten Erinnerungen voller Wunder?
Erinnerungen voller Wunder sind stets mit Glücksgefühlen verbunden.
Erinnere dich an die glücklichen Momente deines Lebens.
Erinnere dich an das Gefühl fließender Seligkeit,
an das Gefühl der Fülle,
an das Gefühl des Eins-Seins mit Allem-was-ist,
an das Gefühl strahlender Erfüllung,
an das Gefühl tiefen Friedens,
an das Gefühl der Vollkommenheit.
Rufe die Erinnerung in dir wach und koste den erinnerten Moment noch einmal mit allen Sinnen aus.
Das Glücksgefühl bringt dich zurück zur Schwingung der Liebe.
Deine Erinnerung ist eine Oase der Liebe und des Glücks.
Sie nährt dich und lässt dich regenerieren.
Erinnere dich an all die Glücksmomente, die dir so viel bedeuten und in dir wieder dieses Gefühl absoluter Erfüllung entstehen lassen.
Koste dieses Gefühl aus, stell dir den Moment noch einmal bildlich und sinnlich vor.
Lass dich fallen in dieser Flut angenehmer Erinnerungen.
Du wirst körperlich, seelisch und geistig entspannen oder angeregt werden.
Energie wird wieder in dein gesamtes Sein fließen.

Nun können deine Selbstheilungskräfte ans Werk gehen.
Der Moment der Seligkeit ist in dir, nirgends sonst.
Du kannst ihn jederzeit erschaffen.
Frage dich hierbei:
Welches waren die glücklichsten Momente meines Lebens?
Wie fühlte es sich an, diese Momente zu erleben?
Kann ich das Wunder wahrnehmen, das in diesen Momenten als Geschenk für mich bereit liegt?
Kann ich das Wunder annehmen, mich von ihm leiten lassen?
Lenke deine Aufmerksamkeit bewusst auf diese Momente voller Wunder und Glückseligkeit.

Liebes-Übung

Setze dich aufrecht hin. Halte deine Hände nach vorne und lege sie auf deine Oberschenkel. Die Handflächen zeigen nach oben. Stimme nun den Ton „A" in dir an. Du atmest ein und lässt beim Ausatmen das „A" erklingen. Der Ton „A" ist ein Herzenston. Wenn du das „A" summst oder singst, öffnest du dich für die Wunder deines Lebens, um sie wieder wahrzunehmen und Herzenslicht und Herzensliebe fließen zu lassen. Der Ton „A" führt dich in die Weite deines Seins und hilft dir, wieder ins Fließen und Strömen zu kommen. Nun stimme das „U" an, das dein Becken erfüllt und bis zu deinen Füßen strahlt. Danach stimme das „M" an. Das „M" ist der verbindende Ur-Ton der Schöpfung und schafft Einheit zwischen allem Irdischen und Himmlischen. Zum Schluss lässt du während einer einzigen Ausatmung das A, das U und das M erklingen als A-U-M. Du hast Einheit erschaffen im Körper (Oberkörper-Unterkörper) und zwischen dem Irdischen (deinem Körper) und dem Himmlischen (Geist und Seele). Wiederhole die Übung so lange, bis du die Erinnerung an die Einheit in dir verankert weißt.

Segensgebet für die Wunder des Lebens

Ich segne all die Wunder in meinem Leben.
Göttliche Kraft kann mir jetzt zufließen.
Ich nehme sie an in Dankbarkeit und Hingabe
und wende mich bewusst der Glückseligkeit meiner Erinnerungen zu,
um wieder fähig zu sein, neue Glückseligkeit in meinem Leben zu erschaffen
und die Schwingung der Liebe in mir lebendig zu halten.
Ich segne meine wunderbaren vergangenen Erinnerungen.
Ich segne meine wunderbaren künftigen Erinnerungen.
Ich segne die Liebe in meinem Leben, die jetzt in mir strömt.

3. Botschaft: Ich übe Vergebung, es tut mir so leid

Du bist aus der göttlichen lichtvollen und klangvollen Liebesschwingung entstanden.
Betrachte dich selbst mit den Augen der Liebe.
Betrachte deine Mitmenschen mit den Augen der Liebe.
Es gibt nichts außer wunderschönem Klang und himmlischem Licht.
Alles ist göttliches Bewusstsein,

und doch ist jeder einzigartig und individuell.
Einzigartige Persönlichkeiten prallen aufeinander im täglichen Sein,
und ihre Seelenklänge harmonieren nicht immer optimal miteinander.
Verletzungen entstehen dann einfach,
bewusst oder unbewusst.
Du bist, wie du bist.
Es ist, wie es ist.
Du weißt, dass jeder dieses Gefühl der Enttäuschung selbst erschafft,
Bringe dein Bedauern aktiv zum Ausdruck,
entschuldige dich,
zeige Reue,
verzeihe deinen Mitmenschen,
verzeihe besonders auch dir selbst.
Gib den Groll wieder frei, den du erschaffen hast,
gib die Schuld wieder frei, die du erschaffen hast,
gib die Erwartungen frei, die du erschaffen hast,
und sei gewiss,
dass es immer wieder geschehen wird,
dass du verletzt wirst
und dass du andere verletzt.
Du kannst den Kreislauf der Verletzungen und Enttäuschungen nur überwinden,
wenn du diese Tatsache anerkennst
und voller Ehrfurcht staunst,

dass es dich gibt und jede andere Person.
Mit einem eigenen Körper, einem eigenen Temperament, mit eigenen Erfahrungen, Ansichten und einem eigenen Verhalten.
Es muss nicht immer harmonieren, es darf sein, wie es ist.
Du allein hältst es im Fluss als Liebender, als Liebende.
Du trägst die großartige Möglichkeit der Vergebung in dir.
Mache Gebrauch davon und gehe weiter deinen Weg.

Liebes-Übung

Setze dich aufrecht hin und lege beide Handflächen übereinander auf deinen Brustkorb. Atme tief aus auf „Haaaaa", wenn du dich mit Schuldgefühlen plagst. Während der Ausatmung auf „Haaaaa" führst du dir vergebende Energie zu. Du atmest rhythmisch ein und aus. Beim Ausatmen wendest du das befreiende „Haaaaa" an. Wiederhole die Übung immer wieder, bis du in dir Linderung verspürst.

Das „Haaaaa" hilft dir, schmerzhafte Verletzungen zu verarbeiten, die mit Schuldgefühlen einhergehen.

Wenn du auf „FFFFF" ausatmest, dann gilt das dem Loslassen von Groll, weil du verletzt worden bist. Führe beim Ausatmen auf „FFFFF" beide Hände weg von deinem Brustkorb, bis die Handflächen nach oben zeigen. Dann atmest du wieder ein und legst die Hände wieder auf deinen Brustkorb. Wiederhole die Übung so lange, bis du Linderung verspürst.

Das „FFFFF" hilft dir, Aggressionen und unterdrückte Wut loszulassen.

Falls du bei den Übungen weinen solltest, ist das gut so. Alte „verkrustete" Verletzungen lösen sich. Es tut noch mal weh. Aber dann ist der Weg zur Heilung geebnet.

Segensgebet für die Vergebung

Ich segne die Großartigkeit der Schöpfung.
Ich segne die Individualität der Schöpfung.
In der Bewusstheit, dass dadurch auch Missstimmungen entstehen können,
Töne und Klänge, die nicht miteinander harmonieren.
Aber in mir liegt die Macht, mich selbst zu harmonisieren,
zu verzeihen, zu vergeben.
Mich von Herzen bei mir selbst zu entschuldigen,
dass ich meinen eigenen Seelenton nicht mehr hören kann vor lauter Schuldgefühlen,
vor lauter Verantwortungsbewusstsein,
vor lauter Pflichtbewusstsein.
Mich von Herzen bei meinen Mitmenschen zu entschuldigen,
weil ich keinen Weg fand, meinen und ihren Seelenton zu vereinen.
Ich segne meine Möglichkeiten, frei zu werden
von Schuldgefühlen und Verletzungen
und in mir die Schwingung der Liebe wiederzufinden.
Denn in der Schwingung der Liebe bin ich unverwundbar,
in all den wunderbaren Augenblicken meines Lebens,
in denen ich mich selbst gefunden habe
und eins bin mit mir und der Welt.

4. Botschaft:
Ich gebe mein Bestes, so gut ich kann

Gehe jeden Tag in die Welt mit dem Gefühl und dem Gedanken,
dass du dein Bestes gibst, so gut du eben kannst.
Nicht alles liegt in deiner Macht,
nicht alles kann von dir auf vollkommene Weise erfüllt werden.
Du bist ein vollkommener Klang aus reiner göttlicher Liebe,
im irdischen Leben aber stets der Unvollkommenheit ausgesetzt,
dem Werden und Vergehen,
deinen Stärken und Schwächen gleichermaßen.
Du gibst dein Bestes, indem du die Aufmerksamkeit auf deine Stärken lenkst.
So liegt es in deinem Können,
im Bereich deiner menschlichen Möglichkeiten,
dein Bestes zu geben
im Bereich deiner Talente und Gaben
und deiner Absicht, aus Liebe zu handeln,
ganz authentisch,
ganz ehrlich mit dir selbst
und treu auf deinem Weg dir selbst gegenüber,
ungeachtet, ob du dafür Anerkennung oder Lob erhältst.
Die Intention der Liebe, wenn du es tust,
ist Erfüllung und Freude zugleich
und der Sinn deines Lebens.

Liebes-Übung

Setze dich aufrecht hin und lege die Handflächen an den Handkanten zusammen vor dir auf deinen Schoß. Deine Hände bilden eine Schale. Stell dir vor, dass in dieser Schale dein ganzes Können liegt: alle deine Talente und Gaben. Atme tief aus, öffne die Hände und strecke die Arme nach vorne, als ob du etwas von dir hergibst. Lass dabei ein langes gesprochenes oder gesummtes „Ejaaaa" erklingen. Beim Einatmen nimmst du die Hände wieder zurück und formst sie zur Schale. Übe einige Male, bis du das Gefühl hast, dass es gut ist, wie es ist. Du gibst, was du kannst. Das „Ejaaaa" symbolisiert die Freude beim Geben.

Segensgebet für dein Tun

Ich segne die Gaben, die ich aus der göttlichen Quelle erhalten habe.
Mit aller Freude verrichte ich meine Lebensaufgabe
und gebe mein Bestes,
so gut ich es vermag,
so gut es mir gelingt.
Ich lasse Liebe in meine Taten strömen.
In Liebe erfülle ich mein Leben.
In Liebe erfülle ich meine Lebensaufgaben.
In Liebe bin ich für die Gemeinschaft da,
der engelgleichen Schwingung meines Daseins folgend.
Segen soll über allem liegen, was ich in die Hände nehme.
Segen soll über allem liegen, was ich erdenke.
Segen soll über allem liegen, was in meinem Herzen wachsen

kann und nach außen drängt,
um mein Bestes darzubringen.
Mit Segen soll es gewürdigt und angenommen werden,
mich und meine Mitmenschen erfreuen

5. Botschaft: Ich nehme das Leben an, wie es ist

Das Geschenk des Lebens ist nicht immer zu verstehen
und oft geprägt von Sinnlosigkeiten
und unsäglichen Schmerzen.
Aber eben auch all den begeisternden Erfahrungen und Wunder, für die es sich zu leben lohnt.
Dir bleibt die Wahl,
gegen das Sein zu kämpfen,
was dich sehr viel Energie kostet,
oder es anzunehmen, wie es ist.
Voller Hingabe und im Vertrauen,
dass hinter allem etwas Höheres ist,
das der menschlichen Verstand nicht vollständig begreifen kann.
Das ist das Vertrauen in die göttliche Schöpferkraft,
in die göttliche Ordnung allen Seins und jeglicher Existenz.
Entfalte das Vertrauen in dir ganz behutsam,
mit leisen und zarten Tönen,
und übergib deine schmerzlichen Erfahrungen,
deine Verwirrtheit, deine Unsicherheit und deinen Unglauben

den höheren Mächten der Liebesschwingung.
Denn du bist der Traum der Schöpfung,
entstanden aus dem Gedanken der göttlichen Liebe.
Du bist die Schwingung der Liebe,
also nimm es an, dein Leben, mit allen irdischen Erfahrungen,
und lenke deine Aufmerksamkeit hin zu den persönlichen Wundern,
die ebenfalls in deinem Leben stattfinden,
hin zu den schönen Seiten deines Lebens.
Diese genieße in Dankbarkeit, den Rest lass los.
Denn alles ist ein Kommen und Gehen,
ein Werden und Vergehen,
und nur in der Annahme des Seins finden Frieden und Heilung statt.

Liebes-Übung

Setze dich hin und richte dich auf. Strecke beide Arme nach oben. Deine Arme bilden einen Trichter und weisen zum Himmel hin. Während der Ausatmung sagst du ganz laut „Jaaaaa" und führst deine Arme zu dir zurück, bis beide Handflächen auf deinem Brustkorb liegen. Durch diese Bewegung und dein „Ja" zum Leben kommt das Leben so, wie es ist, ganz bei dir an. Führe die Übung so lange aus, bis du dich bereit fühlst, deine jetzige Situation anzunehmen.
Diese Übung wirst du immer wieder ausführen müssen, weil das Leben dir stets neue Herausforderungen bringt, die es anzunehmen gilt.

Segensgebet für das Annehmen des Lebens

Ich segne das Geschenk meines Lebens.
Ich segne mein Sein und dass es mich gibt als Mensch.
Es hat einen Sinn, dass ich auf der Welt bin,
um die Aufgaben der engelgleichen Schwingung zu erfüllen.
Ich segne diesen Sinn, auch wenn ich ihn manchmal nicht ganz
begreifen oder verstehen kann.
Ich segne mein Menschsein
und vertraue, dass sich meine Bestimmung entfaltet,
so, wie es sich für mich als richtig erweist.
Ich nehme alle Herausforderungen meines Lebens an,
finde Frieden im Annehmen
und neue Kraft,
meinem Leben eine neue Richtung zu verleihen
und es zu verändern,
denn Annehmen heißt nicht, dass Stillstand geschieht.
Alles ist im Fließen,
alles ist in Bewegung,
alles ist in stetiger Veränderung.
Ich nehme alles an und segne jegliche Entwicklungsprozesse,
die mir begegnen,
in Liebe und Dankbarkeit.

6. Botschaft: Ich nehme meine Gedanken an

Das Denken ist dir gegeben,
du kannst es nicht abstellen.
Es gehört zu dir wie dein Körper, deine Seele und dein Bewusstsein.
Du bist ein denkender Mensch,
der durch seine Gedanken sein Leben erschafft.
Deine Gedanken gehören dir
und begleiten dich stets mit allen Facetten.
Du kannst mit ihnen alles erschaffen,
weil du alles erdenken kannst.
Alles, was in dir ist, kannst du durch deine Gedanken ins Leben rufen.
Entspanne dich dabei und werde dir bewusst, wenn du Gedanken ins Leben rufst, die ungute Situationen erschaffen.
Verändere deinen Gedankenfluss so gut es geht.
Lenke deine Aufmerksamkeit auf Gedanken, die dir Freude bereiten.
Auf Gedanken, mit denen du Wohlgefühl erschaffst.
Alle anderen Gedanken lass kommen und gehen,
sie gehören zu dir.
Aber du hast die Wahl,
sie frei zu lassen, sie zu verwandeln, sie durch angenehme zu ersetzen,
wann immer es dir bewusst ist.
Sei nachsichtig mit dir und spiele mit deinen Gedanken, bis sie

ebenfalls die Schwingung der Liebe erreicht haben.
Denke die Liebe in dein Leben, immer wieder aufs Neue.
Denke, dass du die Liebe ist,
dann wirst du wissen, dass du die Liebe bist.
Du wirst dein Sein in Liebe erschaffen
und schließlich danach handeln.
So werden deine persönlichen Wunder wahr.

Liebes-Übung

Setze dich hin und richte dich auf. Lege in deinem Schoß beide Handflächen zusammen. Die Finger zeigen nach vorne, weg von deinem Körper. Während der Ausatmung lass bitte ein langes „I-A-U" ertönen. Die Hände bleiben in dieser Position und symbolisieren ein Ziel, nämlich das zielgerichtete Denken in tiefer Liebe. Das „I" erhellt deinen Geist, deine mentalen Fähigkeiten. Das „A" öffnet dein Herz, und das „U" energetisiert den Rest deines Körpers. Du schaffst Verbundenheit innerhalb deines Körpers und somit Ausgleich von Denken und Sein. Übe immer wieder, bis du weißt, dass es dir immer wieder gelingen wird, dich mit deinen Gedanken auf die Liebe zu fokussieren.

Segensgebet für das Denken

Ich segne meinen großartigen Verstand,
der mir die Möglichkeit schenkt,
mein Leben zu erdenken,
es im Geist zu erschaffen,
von Idee zu Idee,

aus der unendlichen Vielzahl meiner Gedanken heraus.
Denn dort kann ich das Stück Ewigkeit erahnen,
das mein Sein ausmacht.
Ich bin die Liebe und segne die Liebe,
die ich erdenken kann,
die ich erschaffen kann,
die ich träume und in mein Leben hole,
die mich zu mir selbst zurück bringt,
weil ich denke, dass es so ist,
und weil ich schließlich weiß, dass es so ist.
Ich segne meinen Glauben an meine Gedanken.
Ich segne meine Gewissheit, dass meinen Gedanken alles möglich ist.

7. Botschaft:
Ich liebe es, meine Sinne zu gebrauchen

Deine Sinne sind die Pforten zu deinen Erfahrungen.
Du nimmst die Welt primär wahr
über das Hören,
das Sehen,
das Riechen,
das Schmecken,
das Fühlen/Tasten.
Freue dich, dass du deine Sinne hast,
und lass dich auf sinnliche Erfahrungen ein.

Gib dich diesen Erfahrungen hin
und lenke deine Aufmerksamkeit
vor allem auf angenehme, sinnliche Erfahrungen.
Suche dir bewusst sinnliche Reize,
die dir guttun
und in dir Momente erschaffen für die kleinen Wunder deines Lebens,
an die du dich dann jederzeit erinnern kannst.
Öffne dein Herz und sei bereit für alle wunderbaren Wahrnehmungen,
die nur dir gehören,
weil nur du sie als Mensch so erlebst wie kein anderer.

Liebes-Übung

Setze dich aufrecht hin und halte dir die Augen zu. Lass dann während der Ausatmung ein „MMMM" erklingen. Wie nimmst du das „MMMM" wahr, wenn die Augen geschlossen sind? Wiederhole das „MMMM" bei der nächsten Ausatmung mit geschlossenen Ohren (stecke dir die Finger in die Ohren). Wie nimmst du das „MMMM" jetzt wahr? Wiederhole die Übung, indem du dir die Nase zuhältst (jetzt kannst du nur mit dem Mund atmen), indem du beide Arme um dich schlingst und die Lippen aufeinanderpresst. Du veränderst bei dieser Übung die Wahrnehmung über deine Sinne. Das sinnliche Wahrnehmen ist dir jetzt bewusst. Die Beurteilung darüber liegt ganz bei dir. Finde heraus, wie es sich anfühlt, unterschiedlich wahrzunehmen.

Segensgebet für die Sinne

Ich segne mein Hören, mein Sehen, mein Fühlen, mein Riechen und Schmecken.

Ohne meine Sinne
könnte ich meine Welt nicht so wahrnehmen, wie ich es tue.
Meine Sinne sind die Pforten zur Erkenntnis der irdischen Wirklichkeit
und schenken mir Glücksgefühle.
Deshalb sende ich Segen aus, um meine Aufmerksamkeit
auf angenehme sinnliche Erfahrungen zu lenken,
die mir Wohlgefühl schenken
und mir bewusst machen,
dass die Welt ein Ort voller freudiger Erlebnisse sein kann,
wenn ich das möchte.
Es liegt in meiner Kompetenz,
den Segen der Wahrnehmungen zu feiern
und die Momente der Seligkeit in mich einzulassen,
sodass ich meine eigenen göttliche Schwingung der Liebe jederzeit wahrnehmen kann.

8. Botschaft: Mein Körper wohnt in meiner Seele

Dein Körper ist Ausdruck der göttlichen Schöpfung im Irdischen und allen Erfahrungen ausgesetzt, die dieses Leben dir präsentiert.
Doch deine Seele ist der unfassbare, ewige Teil an dir,
der sich lichtvoll ausdehnen kann
und hinausstrahlt in die ganze Welt.
Dein Körper wohnt in deiner Seele.
Dort wird er beherbergt in Liebe und Dankbarkeit
und erfüllt von deinem persönlichen Seelenplan für dieses Leben.
Achte darauf, dass dein Körper und deine Seele gut miteinander verbunden und integriert sind,
damit du dich selbst gut wahrnehmen und spüren kannst,
damit du deinen Körper liebst,
deinen Verstand wertschätzt
und auf das freudige Klingen und Singen deiner Seele hören kannst.
Wenn die Seele gehört werden will,
sendet sie dir Körperbotschaften.
Angenehme Botschaften sagen dir, dass du deinen Seelenweg beschreitest.
Unangenehme Botschaften zeigen dir, dass du von deinem Seelenweg abgekommen bist.
Deine Seele verankert dich im Leben so,
dass du deinen Lebensaufgaben folgen kannst

und den Ruf deiner wahren Bestimmung hörst und spürst.
Wenn du ganz und gar in der göttlichen Liebesschwingung bist
und dich an dein Sein als Engelseele erinnerst,
dann werden all die Wunder geschehen,
die dir zeigen, dass sich deine Lebensbestimmung auf schönste
und glücklichste Weise erfüllt.

Liebes-Übung

Setze dich aufrecht hin und achte darauf, dass deine Füße gut auf dem Boden stehen. Lege deine Handflächen vor deinem Körper zusammen. Atme tief aus und lasse ein „Loooo" ertönen. Atme wieder ein und lass während der nächsten Ausatmung ein „Kaaaa" ertönen. Wieder atmest du ein und lässt beim nächsten Ausatmen ein „Hiiiiii" ertönen. Das Lo-Ka-Hi ist der Ausdruck der Einheit. Sprich das Lo-Ka-Hi noch einmal laut aus und bekräftige innerlich die Einheit von Leib und Seele. Dein Körper und deine Seele sind gut miteinander integriert und vereint.

Segensgebet für die Integration von Leib und Seele

Ich segne meine Seele,
dass sie meinen Körper so gut beherbergt.
Ich segne meinen Körper,
dass er sich so gut meiner Seele anpasst.
Ich segne die Integration meines Körpers mit meiner Seele,
diese einmalige Einheit, die hier auf Erden erfahrbar ist.
In diesem Leben gehören mein jetziger Körper und meine Seele zusammen.

*In Liebe zeigen sie mir meine Lebenswege
zur Erfüllung meines Seelenplans.*
Ich segne den Umstand, gut im Leben angekommen zu sein,
meinen Platz zu kennen und ihn mit Leib und Seele zu ergründen
und mich wohlzufühlen als Mensch.

9. Botschaft: Ich freue mich

Die Freude über das Leben ist tief in dir verankert.
Du kannst sie in dir erschaffen,
sie spüren,
sie in deinem Leben wirken lassen,
auch wenn alle Umstände dagegen sprechen.
Du erschaffst deine eigene Lebensfreude,
Indem du deinem Leben einen Sinn verleihst
und in dir all die Gaben der göttlichen Schöpferkraft entdeckst,
ihnen folgst,
sie lebendig werden und wirken lässt.
Es liegt an dir selbst,
dir zu erlauben, dich zu freuen
und zu strahlen vor lauter Glück,
weil du weißt, dass in dir nichts als Liebe ist.
Dieses Bewusstsein lässt es geschehen,
dass nichts dir etwas anhaben kann,
was in deinem Leben geschieht.

Deine Freude ist die reinste Daseinsfreude,
du bist Ausdruck der göttlichen Kraft,
mit der wunderschönsten Seelenmelodie in dir.
Grund genug, dich am Leben zu freuen.

Liebes-Übung

Setze dich aufrecht hin und atme tief aus. Lass dabei den Ton „Feeeee" erklingen. Beende die Ausatmung mit einem Lächeln. Das „Feeeee" aktiviert die Lebensfreude in dir. Die Schwingung ist heiter, leicht und fröhlich. Wiederhole die Übung so lange, bis du einen süßen kleinen Funken der Lebensfreude in dir vernehmen kannst.

Segensgebet der Freude

Ich segne die Freude,
denn aus ihr bin ich gemacht.
Aus Freude gibt es mich auf dieser Welt.
Die göttliche Liebe hat die Welt voller Freude erschaffen.
Freude soll ihre Botschaft sein,
um von Herz zu Herz zu tanzen
und niemals zu enden.
Ich segne alle meine schöpferischen Möglichkeiten,
Freude auszudrücken,
Freude zu mir selbst fließen zu lassen,
Freude zu verschenken.
Voller Freude betrachte ich die Augenblicke des Lebens,

in denen sich in mir und um mich herum all die glücklichen Wunder entfalten.
Mit Freude erfülle ich meine Lebensaufgaben
und höre auf die Klänge meines Lebens.
Mein eigener Seelenklang ist die pure Freude.

10. Botschaft: Ich bin dankbar

Dankbarkeit ist Wertschätzung und Respekt für dich selbst und für die gesamte Schöpfung.
Dankbarkeit ist ebenso Wertschätzung des Göttlichen in jedem und der Liebe selbst,
die sich in solch facettenreichen Formen darstellt.
Wenn du dankbar bist, dass es dich gibt,
dann verlieren alle Schmerzen des Lebens ihren Schrecken,
und alles findet sich auf eine leichte und unbeschwerte Art und Weise.
Du findest all die wesentlichen Aspekte deines Lebens.
Du findest zur Essenz der Liebe.
Du findest deine eigene Seelenmelodie,
weil du dankbar auf dich selbst hörst
und mutig die nächsten Schritte unternimmst,
die sich dir darbieten.
Dankbarkeit schafft Frieden in dir,
sodass du wieder Energie zur Verfügung hast,
deiner Lebensspur zu folgen

und tatkräftig voranzuschreiten.
Du kannst jederzeit deine Dankbarkeit auf konkrete Situationen und Personen richten. Dennoch ist sie unabhängig von den Geschehnissen in deinem Leben, denn aus der Tiefe deiner Seele richtest du deine Dankbarkeit auf die Existenz der göttlichen Liebe, die in dir ist und die in jedem und allem wirkt.
So bist du frei, deine Seele täglich jubeln zu lassen.

Liebes-Übung

Setze dich aufrecht hin und atme auf „Aaaaaj" aus. Das kurze „J" gibt dir die Möglichkeit, die Essenz des Daseins auszudrücken und den Weg zu bereiten, einfach dankbar zu sein, was auch immer in deinem Leben geschieht. Wiederhole die Übung, bis es richtig Spaß macht, dankbar für alles zu sein.

Segensgebet für die Dankbarkeit

Ich segne die Tatsache, dankbar sein zu können,
weil es mich gibt,
weil es alles gibt,
weil ich aus göttlicher Liebe existiere
und mein Dasein täglich feiern kann, wenn ich dafür dankbar bin.
Denn dann bringe ich den Seelenklang in mir zum Leuchten
und trete ein in lichtvolle Liebesschwingungen.
Ich segne alles und jeden,

damit Dankbarkeit wie ein fröhliches Band die Herzen und Seelen vereint
und Frieden stiftet,
Wohlwollen schenkt
und liebende Heilkraft walten lässt.
Segen und Dank begleiten mich.
Segen und Dank machen mich reich an Wertschätzung und Liebe.
Segen und Dank lassen mich liebevoll mit mir selbst umgehen und Liebe voller Freude aussenden.
Ich teile den Segen der Dankbarkeit mit der ganzen Welt.

11. Botschaft: Ich liebe mein Dasein

Du bist nichts anderes als ein Liebender/eine Liebende.
Das ist deine eigentliche Natur im Dasein.
Nichts anderes kannst du sein,
denn du bist aus Liebe gemacht.
Liebe ist die Intention für deine Existenz.
Liebe ist die Intention für Alles-was-ist.
Liebe ist die Intention für das ganze Dasein.
Göttliche Liebe strömt in dir,
auf dass du sie selbst in dir wahrnimmst,
hell und klar als deinen eigenen Seelenklang,
rein und schön als die Schwingung der Liebe in dir.

Wenn du dich selbst liebst, erkennst du die göttliche Liebesschwingung an,
aus der du gemacht bist.
Empfinde die großartige Freude darüber,
dass es dich gibt und alles Geschaffene,
denn das ist das größte Wunder,
dass du aus Liebe gemacht bist und dir dessen bewusst sein kannst.
Du kannst es wahrnehmen und feiern,
du kannst es in dir spüren und in dir wirken lassen.
Sei ein Liebender/eine Liebende,
nichts anderes ist wichtig in diesem Leben,
als dass du liebst.

Liebes-Übung

Setze dich aufrecht hin. Schließe deine Augen und stell dir vor, wie ein Strahl der Liebe aus deinem Herzen herausströmt. Diesen Strahl sendest du in vielen lichten Strahlen in die Welt hinein. Du atmest aus und intonierst ein „Laaaa". Dann atmest du wieder ein, und bei der nächsten Ausatmung intonierst du ein „Ke". Bei der dritten Ausatmung intonierst du ein „Aaaa". Nun stellst du dir vor, wie der Liebesstrahl in vielen Lichtfunken zu dir zurückkehrt und dich ganz und gar erfüllt. Deine eigene Liebe strömt in der Welt und in dir zugleich. Das „Laaaa" hilft dir, den Liebesstrahl auszusenden. Das „Ke" ist die Umkehrung, sodass die Liebe zu dir fließen kann. Beim „Aaaa" erreicht dich die göttliche Liebe, die du selbst ausgesandt hast.

Segensgebet für die Selbstliebe

Ich segne mein liebendes Dasein.
Ich bin aus göttlicher Liebe gemacht,
und somit ein Liebender/eine Liebende.
Das ist meine wahre Essenz,
die ich anerkenne,
die ich ausstrahle,
die ich in mir finde
und in meinem eigenen Seelenklang.
So strahle ich Liebe aus,
um mich selbst zu finden
und zu erfüllen.
Ich strahle Liebe aus.
Sie strahlt in die Welt
und wieder in mich hinein.
Ich bin der göttliche Klang.
Ich bin das göttliche Licht.
Ich bin die göttliche Liebe.
Segen begleitet mein liebendes Tun.
Segen begleitet mein liebendes Denken.
Segen begleitet mein liebendes Fühlen und Empfinden.

12. Botschaft: Ich liebe alles

Du bist ein Liebender/eine Liebende,
aus wahrer göttlicher Liebe gemacht
und deshalb fähig,
diese Liebe in allem und jedem zu erkennen, anzuerkennen, wertzuschätzen und zu lieben.
Wie einfach es ist, wenn es dir bewusst ist.
Dann kannst du hinter all die Schleier sehen.
Du kannst hinter all die Verletzungen sehen.
Du kannst hinter all die anstrengenden Momente und Situationen blicken
und immer wieder nichts als Liebe erkennen.
Lieben heißt nicht, dass du das Verhalten deiner Mitmenschen gutheißen und hinnehmen musst.
Aber es heißt, dass du dich dann nicht als Opfer fühlst,
sondern beginnst, mit der heiligen schöpferischen Kraft
der Liebe
dein Leben zu verändern.
Wenn du liebst, steht dir die meiste Energie zur Verfügung,
die verändernde, verwandelnde Liebesenergie aus der göttlichen Quelle.
Aus ihr kannst du schöpfen und deinem Leben Gestalt geben
sowie weiterhin Liebe ausstrahlen.
Dann wirst du Liebe aussenden, aussäen und ernten.
Du wirst strahlen und mit deiner ausgesandten Liebe Wunder bewirken.

Bleib in dem Gefühl der strahlenden Liebe, die in dir ist und aus dir herausfließt,
um liebende Schwingungen in allen Herzen und Seelen zum Klingen zu bringen.

Liebes-Übung

Setze dich aufrecht hin, schließe die Augen und stell dir vor, wie aus deinem Herzen lichtvolle und reine, helle und klare Ströme der Liebe fließen. Du richtest diese Strahlen einfach in den gesamten Raum hinein und merkst, wie sie sich im gesamten Universum ausbreiten. Atme aus und intoniere ein „Aaaaa". Bei der nächsten Ausatmung intonierst du ein „Loooo". Und bei der dritten Ausatmung intonierst du wieder ein „Aaaaa". Das „Aaaaa" öffnet dich für den freien Fluss der Liebe. Das „Loooo" hilft dir, deine Liebe ganz weit hinauszusenden, hin zu allen Geschöpfen und allem Geschaffenen. Mit dem letzten „Aaaaa" sorgst du dafür, dass dein Herz offen bleibt, weil du weißt, dass die Liebe niemals endet. Es ist genügend da. Du musst nicht sparsam damit haushalten. Denn du bist die Liebe. Wie jeder andere auch. Das ganze Universum ist nichts als Liebe. Am schönsten ist es, sich dessen immer bewusst zu sein.

Segensgebet für die Liebe

Ich segne die strömende Liebe in mir
und im gesamten Universum.
Nichts als die Liebe existiert.
Die Liebe ist die Intention.

Die Liebe ist die schöpferische Kraft.
Die Liebe ist das Dasein.
Die Liebe ist das Göttliche in allem.
Und so macht mich jeder Segen nur noch mehr
zu einem Liebenden/einer Liebenden.
Ganz bewusst,
ganz strahlend,
ganz erfüllt.
Ich bin verbunden mit allem Sein,
mit allem liebenden Sein.
Deshalb ist es ein Segen, dass ich Liebe verströmen kann
und es immer wieder tue,
im Bewusstsein, dass es nichts anderes gibt als die Liebe.

13. Botschaft: Ich bin ein Teil der göttlichen Liebesschwingung und vertraue darauf

Du bist die Liebe, die aus der göttlichen Quelle kommt.
Deshalb bist du ein Teil der göttlichen Liebesschwingung,
so, wie alles und jeder.
Sobald dir diese Tatsache bewusst ist, kannst du komplett aufatmen und vertrauen,
dass die göttlichen Wege deiner Bestimmung sich finden werden,
wie auch immer sie aussehen mögen.

Du wirst wissen, dass alles, was geschieht, einen Sinn hat, auch wenn du ihn nicht erkennen kannst.

Du wirst dich dem Leben und allen Herausforderungen hingeben,

in dem Vertrauen,

dass du alles, was du zur Bewältigung dieser Herausforderungen benötigst, schon in dir trägst.

Du trägst alles Wissen in dir.

Du bist die fließende göttliche Liebe

in einem menschlichen Körper.

Gib dich dieser Erfahrung hin.

Empfange die Wunder, die deine Seele dir schenkt.

Empfange die Wunder, die die göttliche Liebesschwingung in dir entfalten möchte.

Teile die Schwingung der Liebe.

Verströme dich vertrauensvoll.

Das Richtige geschieht, und es ist gut, wie es ist.

Was auch immer sein mag,

du bist die Liebe.

Du bist ein Klang der göttlichen Liebesschwingung.

Liebes-Übung

Setze dich aufrecht hin und stell dir vor, wie du eingewoben bist in eine einheitliche Schwingung aus purer Liebe. Alles ist Liebe, und du bist in Resonanz mit dieser Schwingung. Es ist wie ein einziger Herzschlag, kraftvoll und erhebend. Während der Ausatmung intonierst du ein „Maaaa". Dann atmest du wieder ein.

Während der nächsten Ausatmung intonierst du ein „Naaaa". Während der dritten Ausatmung intonierst du ein „Jaaaa". Das „Ma" und das „Na" stehen für die lebendige schöpferische Liebeskraft in dir, die stets in dir fließt. Das „Ja" ist dein Wille für Hingabe und Vertrauen. Alles geschieht, wie es sein soll. Es geschieht in Liebe, wenn du in Resonanz bist mit der göttlichen Liebesschwingung.

Segensgebet für das göttliche Vertrauen

Ich segne die wunderbare Resonanz der Liebe,
die sich in mir entfaltet.
Ich schwinge im Rhythmus der göttlichen Liebe
und teile diese Schwingung mit der gesamten Schöpfung.
Ich segne vertrauensvoll die göttlichen Wege,
die sich in meinem Leben finden
und sich auf erfüllende Weise finden,
wenn ich mir der göttlichen Schwingung der Liebe bewusst bin,
ganz bei mir bin,
meine Seelenklänge in Liebe in mir spüre und erklingen lasse,
sie aus mir heraussende,
mit Liebe in die Welt hinausstrahle
und der Sehnsucht meiner Seele folge.
Dann geschehen die Wunder in meinem Leben.
Dann fühle ich mich heil und wohl,
ganz im Vertrauen,
dass das Richtige geschehen wird.
Ich kann mich der Liebe hingeben,

*und alles ist gut,
denn ich sehe nichts als Liebe.
Ich bin nichts als Liebe,
alles ist Liebe.
Ich bin ein Liebender/eine Liebende,
in Dankbarkeit,
in Freude,
vertrauensvoll.
So sei es.*

14. Botschaft:
Ich treffe Entscheidungen und handle

Es ist gut, wenn du dich dem Leben hingibst.
Aber manchmal tut es gut, Klarheit in dir zu spüren
und entsprechende Entscheidungen zu treffen.
Wisse, dass das Leben dir Wunder schenkt,
wenn der göttliche Wille mit deinem übereinstimmt.
Dann bist du ganz auf der Spur deiner Seele,
und die Sehnsucht deiner Seele kann sich erfüllen.
Sobald du das Gefühl der Liebe in dir spürst,
sobald du das Gefühl hast, in der göttlichen Schwingung zu sein,
kannst du deine eigene Seelenmelodie vernehmen
und ihrem Klang Ausdruck verleihen.
Höre auf das Flüstern deiner Seele und triff die Entscheidungen,

die die Weichen neu stellen in deinem Leben.
Sei ein aktiv Liebender in eigener Sache als Mensch.
Erfülle dich, indem du dich an die Schöpfung verschenkst,
mit deiner Seelenmelodie und deinem Seelenlicht.
Es mag nicht immer einfach sein, den richtigen Ton der Seelenmelodie zu erwischen,
aber sobald du eine Ahnung davon hast,
setze ein Signal und tritt in Aktion mit deinem „Ja, ich will!".
Ja, du bist ein Liebender/eine Liebende.
Sende deine Botschaft ins Universum und mache den ersten Schritt.
Alle anderen Schritte werden folgen,
und sie werden leicht zu gehen sein,
weil sie innerhalb der göttlichen Liebesschwingung getätigt werden.
Verliere die Furcht vor falschen Entscheidungen.
Jede Entscheidung führt dich auf deinem Lebensweg voran.
Auch wenn es Umwege geben sollte,
lass deine Seele leuchten und klingen.
Folge ihrem Licht und ihrem Klang,
dann liegst du stets richtig
und kannst mit Hilfe deiner Gaben und Talente Zeichen setzen für dein Leben und das Leben der Schöpfung,
indem du dem engelgleichen Klang deiner Schöpfungsschwingung folgst.
Wisse, dass der göttliche Wille für dich nichts anderes ist als deine Seelenbestimmung.

Liebes-Übung

Setze dich aufrecht hin und intoniere beim Ausatmen ein langes „Kaaaa". Du atmest wieder ein und lässt bei der nächsten Ausatmung ein „Laaaa" ertönen. Wieder erfolgt die Einatmung. Während der nächsten Ausatmung ertönt dann ein „Jaaaa". Wiederhole die Übung so lange, bis dir bewusst ist, dass du in der Lage bist, Entscheidungen zu treffen, wie auch immer diese aussehen und wo sie dich auch immer hinführen mögen. Das „Kaaaa" und das „Laaaa" stehen für die Freiheit deines Geistes und deinen freien Willen. Das „Jaaaa" verbindet deinen mit dem göttlichen Willen.

Segensgebet für deine Entscheidungen

Ich segne den göttlichen Willen, der mir den Weg meiner Seele offenbart

und der mir die Möglichkeit als Mensch gibt, Entscheidungen zu treffen.

Ich segne die schöpferische Kraft, die mein göttliches Sein mit meiner göttlichen Bestimmung vereint.

Ich segne die göttliche Liebesschwingung, die mir Kraft schenkt, um mein Leben so anzunehmen, wie es ist.

Aktiv zu sein,

Schritte zu unternehmen,

Spuren zu folgen,

Liebe auszustrahlen.

Immer wieder Zeichen zu setzen, Mittler zu sein, Bote zu sein, Begleiter und Toröffner zu sein.

Und von der Freiheit meines Geistes Gebrauch zu machen, der engelgleichen Schwingung zu folgen.
Ich segne meine göttliche schöpferische Kraft.
Ich bin willig und bereit,
zu handeln, zu verändern und zu gestalten.
Voller Freude, Zuversicht, Selbstvertrauen und Gottvertrauen.

Nachwort

Geliebte Seelen,

wer auch immer ihr seid, es ist schön, dass ihr als Mensch geboren seid und hier all das erlebt, was für euch richtig ist. Wie schön, dass es euch gibt.

Alles findet sich so, wie es sein soll. Deshalb habt Vertrauen, fühlt euch verbunden mit dem göttlichen Bewusstsein – mit Gott. Ihr seid Teil dieses Bewusstseins, Teil dieses göttlichen Traums. Und ihr tragt die Gnade in euch, mit Leib und Seele dieses Leben zu lieben und zu gestalten. Ihr habt die Kraft dazu.

Ich bin mir sicher, dass ihr immer wieder den Mut und die Kraft findet, dem Auftrag eurer Seele zu folgen und ein glückliches Leben auf Erden zu führen.

Als Engelseelen mögt ihr euch oft anders fühlen, aber ihr seid genau richtig hier auf der Welt. Ihr werdet gebraucht, auch wenn ihr mit dem irdischen Denken und Fühlen nicht viel anfangen könnt. Also werdet heimisch.

Seht die Erde so, wie sie ist, als eure Heimat an. Jetzt, in diesem Leben, seid ihr hier. Verwurzelt euch in diesem Leben und lernt, es zu genießen.

Ihr folgt, wie alle anderen Seelen auch, dem Traum Gottes.

Es gibt nichts anderes als diese göttliche Liebe in allen verschiedenen Formen und Ausdrucksmöglichkeiten. Ihr als Seele und als Mensch seid eine davon. Seid stolz darauf.

Ich bin bei euch. Tief in euren Herzen verstehe ich euch und begleite euch.

In Liebe, eure Zora

Interessante Adressen

Auf meiner eigenen Website www.zora-gienger.de findet ihr alles Wissenswerte über mich. Ich arbeite hauptsächlich als Autorin und lebe im Großraum Stuttgart sowie am Bodensee.

Beratungen, Lebenshilfe und achtsame sowie liebevolle Arbeit mit Ahnen und Familienstellen findet ihr bei Angelika Sabine Rott, naturspirituelle Heilwege, www.angelika-rott.de. Wenn ihr schwierige Familienkonstellationen zu meistern habt oder euch im Dasein unwohl fühlt, wendet euch an sie.

Alles, was Leib und Seele schmeichelt, tut dem Menschen gut und versöhnt ihn mit dem Dasein. Schöne Perlen und Edelsteine findet ihr zum Beispiel bei www.lichtperlen.de (Edelsteinschmuck mit liebevoller Engelenergie von Christine Worbs), www.lajos-sitas.de (wundervolle Musik und Kompositionen voller Engelkraft von Lajos Sitas), www.blumen-duesing.de (lichtvolle Blumenarrangements, Elisabeth Düsing verwöhnt euch mit himmlischen Blüten). Besondere Gemälde gibt es bei Edmund Streckfuss, www.edmund-streckfuss.de.

Victoria Kunze, Harfenistin und Opernsängerin, steht euch bei Hochzeiten und anderen Events zur Verfügung. Googelt sie einfach im Internet. Sie ist meine Harfenlehrerin und einfach bezaubernd.

Über die Autorin

Zora Gienger war schon als Kind mit den lichten Reichen der Geistigen Welt in Verbindung. Als Lichtheilerin, Poetin, Tänzerin und Künstlerin übermittelt sie liebevolle, warmherzige und heilsame Botschaften aus der feinstofflichen Welt. Vor allem aber folgt sie als Autorin und Schriftstellerin dem Ruf ihrer Seele und möchte möglichst viele Menschen mit Weisheiten voller Liebe, Zuversicht und Heilkraft zur Seite stehen.

Ihre große Liebe und Seelenaufgabe gilt dem Schreiben und der Poesie. Sie schreibt Märchen, Erzählungen und Geschichten voller Weisheit und übermittelt spirituelle Botschaften, die anderen Menschen helfen sollen, sich selbst und das Dasein besser zu verstehen und liebevoll anzunehmen. So, wie viele andere Engel auf Erden, sieht sie die Welt mit anderen Augen und tut sich manchmal schwer mit den irdischen Gepflogenheiten. Hochsensibel und stets offen für die lichten Welten möchte sie den anderen irdischen Engeln vermitteln, wie freudvoll und erfüllend das Leben auf der Erde sein kann, wenn die innere Weisheit ungehindert nach außen fließen kann und der Mensch auf die Botschaften der Seele hört.

Das Wunder der Liebe und des Daseins sind ewig und grenzenlos. Das Leben ist trotz aller Anstrengungen und Herausforderungen eine wunderbare Erfahrung und immer wieder Quelle wahrer Fülle. An dieser Erfüllung und Freude möchte Zora Gienger ihre Leserinnen und Leser teilhaben lassen.

Zora Gienger
Heilkraft der Dualseelen
Gemeinsames Wirken für die Welt
200 Seiten, A5, broschiert
ISBN 978-3-941363-73-1

Dieses Buch wirft ein neues Licht auf das Thema Dualseelen. Es beschreibt, was Dualseelen sind und wie sie sich erkennen, wie sie ihre Seeleneinheit lebendig halten können und wie es möglich ist, mit der Dualseele verbunden zu sein, auch wenn man nicht weiß, wer der Dualseelenpartner ist.
Es enthält liebevollen Hinweise, wie ein erfülltes, spirituelles Leben gemeinsam mit der Dualseele gelingen kann und welch ein Segen es ist, zu wissen, dass es Dualseelen gibt. Doch es schenkt auch Trost, wenn es im Alltag zu einer eher schmerzhaften Begegnung mit der Dualseele kommen sollte. Meditationen voller Liebe, Dankbarkeit und Segen motivieren, die eigene Seelenkraft zu entfalten und voller Freude die Einheit mit der Dualseele auf der Seelenebene zu feiern – jeden Tag aufs Neue.

Zora Gienger
Liebespaare der Neuen Zeit
216 Seiten, A5, broschiert
ISBN 978-3-95531-034-9

Die Sehnsucht nach einem Lebenspartner, der gleichzeitig auch ein Seelen- und Herzenspartner ist, wird immer wichtiger.
Zora Gienger beschreibt, wer diese neuen Liebespaare sind, wie sie leben und wie es ihnen gelingt, ihre Partnerschaft zu einem strahlenden Leuchtfeuer der Heilkraft zum Wohl aller zu werden.
Zahlreiche Übungen der ausstrahlenden Liebe geben ein einfaches, aber sehr wirkungsvolles Werkzeug an die Hand, um mit Hilfe der fließenden Liebe wunderbare Veränderungen anzustreben und eine glückliche Seelen- und Herzenspartnerschaft zu führen, die Erfüllung und Freude schenkt.

Sarinah Aurelia
Seelenverträge Band 11
Der Weg aus der Krise
328 Seiten, A5, broschiert
ISBN 978-3-95531-142-1

Seelenverträge Band 11 ist ein Sinnbild für diese intensive Zeit. Es gibt Hoffnung, heilt Ängste und öffnet Wege, um aus der persönlichen Krise gestärkt und klar herauszugehen.

Die geistigen Mentoren nehmen Stellung zu brandaktuellen Themen und beleuchten diese. Eine gute Möglichkeit, um Antworten zu finden, Zuversicht, Hilfe, Heilung und, vor allem, um wieder zurückzufinden in das wunderschöne, heilende Energiefeld der unendlichen Liebe.

Beim Lesen öffnet sich ein himmlischer Raum, eine Oase der Ruhe, der Liebe, der Heilung, und jeder Leser erhält sein persönliches Energiegeschenk.

Silke Wagner
Verdammtes Loslassen, verflixte Selbstliebe
80 Seiten, Small Edition
ISBN 978-3-95531-145-2

„Lass die Situation los!" – „Liebe dich so, wie du bist!"

„Wie oft hören wir diese und ähnliche Sätze von der Geistigen Welt, und mal ehrlich: Sie frustrieren zumindest mich total.

Meine Sorgen einfach loslassen, von jetzt auf gleich nicht mehr daran denken? Hallo, ich bin Mensch. Ich kann nicht zaubern. Ich bin auch noch Frau, und jede wird mir zustimmen: Unsere Makel lieben ist nahezu unmöglich.

Aus diesen Emotionen heraus beschloss ich, mit der Geistigen Welt „Tacheles" zu reden. Schonungslos ehrlich, manchmal ziemlich verzweifelt und am Anfang mit sehr viel Frust begab ich mich auf die Suche.

Ein spannender Weg begann, mit Übungen, die auch mich manchmal an meine Grenzen brachten. Aber: Es hat sich gelohnt!" Silke Wagner